MANUEL

DES ADJUDANS-GÉNÉRAUX

ET DES ADJOINTS

EMPLOYÉS

DANS LES ÉTATS-MAJORS-DIVISIONNAIRES

DES ARMÉES.

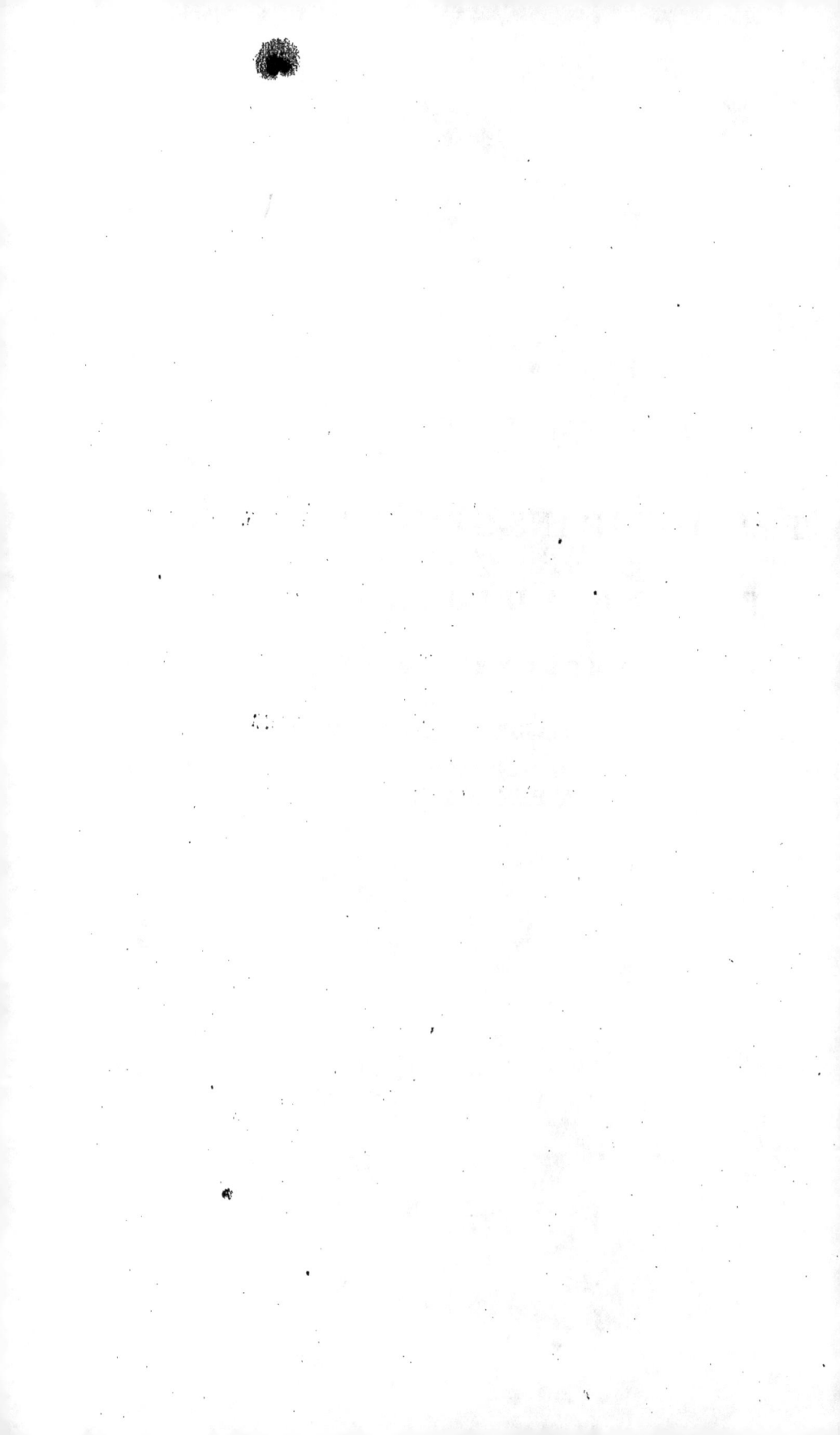

MANUEL

DES ADJUDANS-GÉNÉRAUX

ET DES ADJOINTS

EMPLOYÉS

DANS LES ÉTATS-MAJORS-DIVISIONNAIRES

DES ARMÉES;

Par PAUL THIÉBAULT, Adjudant-Général.

———————

A PARIS,

Chez MAGIMEL, Libraire pour l'art militaire et les sciences et arts, quai des Augustins, près le Pont-Neuf.

———————

AN HUIT.

INTRODUCTION.

EN septembre 1793 (vieux style),
je reçus à Jumont près Maubeuge, où
j'étois cantonné, une commission d'adjoint aux adjudants généraux; commission d'après laquelle je me rendis à
l'armée du Rhin pour y servir sous les
ordres de l'adjudant général Donzelot (*a*),
alors employé dans la division du général Ferino, et attaché à la brigade du
général Ghirard, *dit* Vieux.

Le quartier général de ce dernier,
étoit à Lingenfeld, entre Gemersheim

(*a*) Homme rare par un assemblage extraordinaire de qualités, de talents, et de connoissances
militaires; et par une modestie si bien soutenue, que
par-tout il a soustrait son nom à la réputation pour
laquelle il étoit fait. Il étoit, à l'époque ci-dessus
rapportée, adjudant-général chef de bataillon. Au
commencement de l'an III, il fut fait adjudant-général
chef de brigade: Il est, en cette qualité, parti pour
l'Egypte, chef de l'état-major du corps de l'armée
commandée par le général Desaix.

et Spire , lorsque j'entrai en fonctions ; et le premier ordre que j'eus à exécuter, fut celui de conduire l'arrièregarde de la division , lorsque cette dernière quitta cette position pour se porter sur le fort Vauban , dont elle devoit faire le siége.

Destiné par mon éducation à une autre carrière qu'à celle des armes, je n'avois encore que du zèle : mon zèle m'avoit fait partir comme simple grenadier dans le premier bataillon de la Butte-des-Moulins, lorsqu'en 1792, la patrie avoit été déclarée en danger; et j'étois successivement parvenu jusqu'au grade de capitaine dans le 24e bataillon d'infanterie légère. J'avois appris dans ce bataillon à placer, à défendre, ou à attaquer un poste avancé; mais je ne savois et ne pouvois rien savoir de relatif au service des Etats-majors.

Ma première question, lorsque je reçus l'ordre ci-dessus rapporté, eut donc pour objet de savoir dans quel ouvrage militaire je pourrois trouver quelques notions d'un service qui me paroissoit important, et auquel j'étois entièrement étranger. « Nous n'avons, me répondit » l'adjudant-général Donzelot, aucun » ouvrage qui contienne ce que vous » desirez apprendre » et vous ne pouvez » espérer à cet egard, d'autre théorie que » celle qui résultera de votre pratique ».

Mon inexpérience me jeta pendant ce mouvement, dans des embarras d'autant plus nombreux, qu'elle les multiplioit. Ce fut à cette occasion, que frappé de la nécessité d'un ouvrage instructif sur le service des états-majors, je conçus l'idée de celui que je publie aujourd'hui. Je l'ai composé d'après les observations que le hasard des événements m'a mis à portée de faire, et d'après ce que mes recherches ont pu me fournir.

Quant à sa rédaction, elle a été ou trop rapide, ou trop souvent interrompue, pour être soignée: je n'ai songé à y mettre que de la méthode et de la clarté, qualités principales de ces sortes d'ouvrages. Puissé-je être assez heureux, pour épargner à ceux qui par la suite seront appellés à servir dans les états-majors, l'embarras de suivre sans guide une carrière aussi délicate; et sur-tout pour engager quelques militaires plus instruits à faire mieux.

Je ne dirai dans cet ouvrage qu'un mot de ce qu'on appelle États-majors en gé-néral, et États-majors généraux. Je n'en-trerai dans les détails que pour ce qui concerne les États-majors divisionnaires; non-seulement parce que ces États-ma-jors sont le véritable objet de mon travail; mais principalement 1°. parce que ce sont ceux que je connois le mieux; 2°. parce qu'il semble que les États-majors divi-sionnaires soient faits pour être le degré par lequel un officier devroit arriver à un État-major-général; 3°. parce qu'il est présumable que les officiers employés dans les États-majors généraux, sont choisis de manière à en savoir plus que je ne pourrois leur en dire; et 4°. enfin parce que c'est dans les Etats-majors divisionnaires surtout, que les officiers particuliers, les seuls pour qui j'aie écrit, ont des devoirs vraiment militaires et essentiels à remplir; les devoirs des officiers n'étant presque que *bureaucratiques* dans les Etats-majors généraux, où la grande quantité des officiers généraux, et la grande importance des affaires qu'on y traite, réduisent les adjoints à un service en général très-simple. D'ailleurs, c'est dans les Etats-majors divisionnaires, que les opérations de la guerre se dirigent et s'ordonnent définitivement; que les ordres de l'Etat-major général reçoivent leur application et leur développement; que les officiers d'Etat-major font le plus la guerre, et qu'ils la font avec le plus de détail; et qu'il leur est par conséquent plus nécessaire d'être au courant de tout ce qui tient au service auquel ils sont appellés.

Je diviserai cet ouvrage en quatre parties : dans la première, je jetterai un coup-d'œil général sur les Etats-majors : dans la seconde, je m'occuperai de la recherche des principaux objets de service des Etats-majors divisionnaires : dans la troisième, je donnerai quelques nouveaux développements à ceux de ces objets de service qui sont les plus essentiels : enfin dans la quatrième, je parlerai des personnes qui ont le plus de rapports avec les Etats-majors divisionnaires.

MANUEL

DES ADJUDANS-GÉNÉRAUX

ET DES ADJOINTS

EMPLOYÉS

DANS LES ÉTATS-MAJORS-DIVISIONNAIRES

DES ARMÉES.

PREMIÈRE PARTIE.

Des Etats-majors en général.

Je bornerai cette partie à trois questions.
1°. Qu'est-ce qu'un Etat-major ?
2°. Qu'est-ce qu'un Etat-major-général ?
3°. Qu'est-ce qu'un Etat-major-division-naire. ?

PREMIÈRE QUESTION.

Qu'est-ce qu'un Etat-major ?

Un *Etat-major*, selon l'auteur du Diction-naire Militaire, est « un nombre particulier de quelques officiers distingués du reste du corps ».

Dans l'Encyclopédie par ordre de matiéres on trouve au mot *Etat-major*, « corps d'of-» ficiers-majors ».

Ces définitions sont vagues, obscures, insuf-fisantes et indéterminées ; c'est-à-dire, qu'elles réunissent, tout ce qu'il faut éviter dans une définition qui doit toujours être, du moins autant qu'il est possible, précise, claire, complette, et d'une application facile et na-turelle.

Essayons donc de donner une meilleure dé-finition de ce qu'on appelle *Etat-major*; et pour cela, posons quelques bases fixes sur les-quelles nous puissions l'appuyer.

Observons d'abord que le seul motif qui dé-termine à admettre des dénominations parti-culières, est le besoin généralement senti de distinguer des choses ou des personnes qui appartiennent à des classes différentes.

Considérons ensuite que le mot *Etat-major* en lui-même, indique formellement un ordre, une classe particulière de militaires qui ont, sinon une autorité spéciale, du moins des devoirs plus étendus ou plus généraux, et re-latifs aux diverses parties de service qui en dépendent. Ainsi, quoique l'acception géné-rale d'un mot souvent employé de plusieurs manières différentes, soit toujours très-difficile à saisir, nous croyons que celle du mot *Etat-major*, ou l'idée qu'il semble devoir plus naturellement présenter, est «la totalité des officiers et sous-officiers, qui, par la nature de leurs fonctions, sont destinés, chacun en ce qui les concerne, soit à transmettre les ordres qui leur sont adressés par les généraux-commandants, soit à surveiller l'ordre établi dans les différentes branches des services militaires qui leur sont subordonnés ».

On pourroit ajouter, pour les distinguer davantage, que quant à leurs fonctions, les militaires qui composent les Etats-majors, n'ont ordinairement aucune autorité directe sur les troupes; et que, quant à leurs devoirs, ils n'appartiennent particulièrement à aucun bataillon ou escadron.

Ces deux dernières observations présenteroient cependant dans leur application, quatre exceptions à faire: la première, pour les chefs de brigades, de bataillons, et d'escadrons-commandants, qui font partie des Etats-majors de leurs demi-brigades ou de leurs régiments; la deuxième, pour les sergents-majors et maréchaux en chef des-logis, qui font partie des Etats-majors de leurs corps, quoiqu'ils tiennent à des compagnies; la troisième, pour les quartiers-maîtres, qui appartiennent en même tems à des bataillons ou escadrons, et à l'Etat-major de leurs corps; et la quatrième, pour les Etats-majors des places de guerre, qui ont une autorité directe sur les troupes de leurs garnisons ou de passage.

Chaque arme avoit autrefois son Etat-major-général; François Ier, Charles IX, et Louis XIV, ayant successivement créé celui de l'infanterie, celui de la cavalerie, et celui des dragons. Aujourd'hui l'artillerie seule a conservé son Etat-major-général.

Autrefois les Etats-majors étoient à volonté supprimés ou rétablis dans les régiments, tandis que chaque corps a aujourd'hui son Etat-major permanent.

Outre les Etats-majors des corps, on distingue encore maintenant les Etats-majors des places et les Etats-majors des divisions territoriales, qui, par leur nature, sont permanents; indépendamment des Etats-majors des divisions actives, ainsi que des Etats-majors des armées, dits Etats-majors-généraux, qui ne peuvent durer qu'autant que les armées auxquelles ils appartiennent, sont sur le pied de guerre.

Comme notre intention est de passer rapidement sur tout ce qui n'est pas étroitement lié au but que nous nous sommes proposé, nous n'entrerons pas dans l'examen des devoirs des personnes employées dans les Etats-majors des corps et des places ; et nous nous bornerons à donner leur composition.

Nous dirons de cette manière, que les Etats-majors des corps sont formés des chefs de brigade-commandants, des chefs de bataillons ou escadrons, des adjudants, des quartiers-maîtres, des officiers de santé, du vaguemestre des sergents-majors, du tambour-major, des trois maîtres tailleur, cordonnier, et armurier, et des huit musiciens; et que les Etats-majors des places se forment des commandants auxquels elles sont confiées, et de leurs aides-de-camp, adjoints, ou adjudants, suivant les grades de ces mêmes commandants.

La troisième classe des Etats-majors que nous avons distinguée, est celle des divisions militaires ou territoriales. Ces Etats-majors ont remplacé ceux des provinces. Quant à leur service, il ne diffère de celui des Etats-majors-divisionnaires dont il sera parlé ci-après, que parce qu'il comprend moins de détails, et qu'il a moins d'attributions, quoique selon les circonstances, il puisse être quelquefois aussi po-

litique que militaire ; et parce que de plus,
ses chefs n'ont pas à passer par l'intermédiaire
des chefs d'Etats-majors-généraux des armées,
pour leurs relations avec le ministre de la
guerre.

Quant aux Etats-majors-généraux et divisionnaires, nous renverrons ce qui concerne
leur organisation et leur service, aux cadres
particuliers qui leur sont consacrés dans la
suite de cet ouvrage ; mais nous présenterons
ici le tableau de leur création, c'est-à-dire, autant que nous le pourrons, l'historique de ces
places.

Ce fut après de longs siècles d'ignorance et
de barbarie, lorsque les armées participèrent
au retour des lumières, que quelques hommes
de génie portèrent des principes organisateurs
dans quelques-unes des parties de l'art de la
guerre, et que l'on fut enfin frappé de cette
vérité..... que si la nature produit parfois de ces
hommes extraordinaires qui semblent se multiplier au point de pouvoir embrasser à la fois
et le commandement et la conduite d'une armée ; il n'en est pas moins vrai qu'il est en
général au-dessus des forces humaines, de pouvoir suffire aux méditations que nécessite un
commandement général et étendu, et aux détails qui tiennent à l'exécution des plans qu'il
faut

faut presqu'à chaque instant modifier ou changer.

Cette vérité toujours plus frappante à mesure que l'expérience et l'accroissement successif des armées l'ont fait plus fortement sentir, fit songer aux moyens de diminuer les trop nombreuses attributions des chefs des armées. C'est pour arriver à ce but, que sous Louis XIII, la France eut des maréchaux de bataille. Tel fut le berceau des Etats-majors des armées ; mais ceux, qui alors furent appelés à ces nouvelles places, n'eurent pour tout emploi, que celui de mettre l'armée en bataille d'après les ordres du général.

Telle est la marche des connoissances humaines : les progrès sont toujours lents et partiels. Mais il en fut de ces places comme de toutes celles qui sont vraiment utiles ; chaque jour les présenta sous des rapports plus étendus, et en fit multiplier les devoirs. Toujours les hommes qu'on eut à y promouvoir, parurent devoir justifier une plus grande confiance ; et enfin, en 1672 (pendant la campagne de Hollande), Louis XIV jugeant devoir désigner, par un titre plus imposant, une charge qui acquéroit un si haut degré d'importance, remplaça les maréchaux de bataille

B

par les majors-généraux, et ne confia ce poste
qu'à des brigadiers ou à des lieutenans - généraux.

Ces derniers officiers furent chargés de
transmettre les ordres aux majors de brigades,
et de veiller à leur exécution. Ils alloient au
campement, et distribuoient l'emplacement à
chaque corps. Ils surveilloient les distributions. Le jour d'une affaire, ils avoient l'ordre de bataille de l'armée. Dans les siéges,
ils avoient la sur-inspection de la tranchée, etc.

Mais tant de détails attachés aux fonctions
des majors-généraux, furent regardés comme
trop étendus pour être embrassés par un
seul homme; et chaque major-général eut,
pour le seconder dans l'exercice de ses devoirs, plusieurs aides, et spécialement deux
aides-majors-généraux.

Le règne de Louis XIV est une époque de
guerre; on y voit les institutions militaires
marcher à leur perfectionnement de campagne
en campagne. Aussi cette première organisation des Etats-majors des armées ne tarda-t-elle
pas à recevoir un accroissement par la création
des maréchaux-généraux-des-logis, qui, sous
les ordres des majors-généraux, et au nombre
de quatre par armée, furent particulièrement
destinés à les suppléer ou à les seconder dans

toutes les opérations qui étoient de leur ressort (1). Ces charges de majors-généraux et
de maréchaux-généraux-des-logis sont restées
les mêmes jusqu'à nos jours (2); mais il faut
observer ici que sous les différens règnes dont
nous avons parlé, et plus encore sous ceux
qui les avoient précédés, il n'y eut presque
point de grandes armées : elles pouvoient par
conséquent camper réunies, parcourir en
même-tems les mêmes intervalles, quoiqu'au
besoin, sur différentes colonnes, et agir ras-
semblées ; alors un bon major – général et
quatre maréchaux-généraux-des-logis pouvoient suffire pour toute une armée. Les
dispositions étoient presque toujours générales ; l'armée entière recevoit les mêmes
ordres et en même-tems : la marche de cette
machine étoit simple ; tout se passoit sous les
yeux du chef, qui pouvoit, pour ainsi dire,

_____

(1) Ces derniers faisoient marquer, par des fourriers de l'Etat-major de l'armée, les logemens du général de l'armée, des officiers, et des autres personnes
qui devoient être logées au quartier-général.

(2) La cupidité insatiable des gouvernants avoit fini
par rendre ces places de maréchal-général-des-logis
vénales, et par en faire des charges. C'est par l'a-
chat de ces charges que l'on parvenoit aux honneurs
militaires sans avoir fait la guerre.

B 2

suivre des yeux le détail de toutes les opérations de son armée.

Aujourd'hui la force de nos armées, l'é-
tendue de pays qu'elles occupent, les opérations compliquées qu'elles sont chargées
d'exécuter, ou auxquelles elles ont à s'op-
poser ; font que les armées offrent un aspect
tout nouveau.

Une seule de nos grandes armées est réellement la réunion de plusieurs armées : aussi les
divise-t-on en corps d'armée de droite, du
centre, et de gauche. Chacun de ces corps
d'armée a ses divisions : ces corps d'armée
ou les divisions qui en dépendent, sont quelquefois à trente et quarante lieues du quartier-général en chef, et ne se réunissent même
en partie que momentanément. Dès-lors leurs
relations avec le grand État-major ne peuvent
plus être continuelles ni très-multipliées.
Dès-lors il faut une organisation particulière
pour chacune de ces parties d'une même
armée ; dès-lors chaque division a dû avoir
son État-major, son commandant d'artillerie,
ses officiers de génie, ses tribunaux militaires,
et ses chefs d'administration : dès-lors les
généraux qui les commandent, ne peuvent
plus, dans le cours ordinaire des choses,
recevoir et suivre que des instructions ; la

bonté d'un ordre dépendant souvent du moment de son exécution, et au-delà d'une
certaine distance, cet à-propos ne pouvant
plus être calculé : et dès-lors enfin, l'Etat-
major-général de l'armée n'est plus que le
point central de ses opérations, le point où
elles se combinent, mais non celui où elles
se dirigent et s'exécutent.

C'est ainsi qu'on trouva dans les maréchaux-
généraux-des-logis, les officiers qui conve-
noient le mieux pour remplir les fonctions des
places de chefs d'Etats-majors divisionnaires,
que ce nouvel état de choses obligea de créer.

En leur donnant cette nouvelle existence,
au moyen de laquelle ils remplaçoient dans
nos armées les Etats-majors de l'infanterie,
de la cavalerie, et des dragons, en même-tems
qu'ils remplaçoient dans les divisions le grand
Etat-major de l'armée, on les distingua par
le titre d'adjudants-généraux.

Cette organisation nouvelle fut décrétée le
2) octobre 1790, par une loi de l'Assemblée
nationale, qui porta création de trente de
ces officiers, savoir, dix-sept ayant rang de
colonels, et treize avec celui de lieutenans-
colonels.

Le mode d'avancement de ces officiers a

B 3

été réglé ou modifié par différentes lois suc-
cessives.

Le nombre de ceux établis par la loi de
leur création, fut aussi augmenté, par différens décrets, jusqu'à l'époque où la Convention nationale conféra au Conseil exécutif, le droit de choisir et de nommer les généraux, ainsi que celui d'en augmenter le
nombre, selon les circonstances (*).

Le tableau des devoirs attachés à ces nouvelles places, n'a jamais été présenté. On
avoit annoncé une ordonnance particulière
sur cet objet, mais elle n'a point été donnée.
Il n'existe à cet égard qu'une instruction
provisoire sur les fonctions des adjudants-
généraux, qui fut publiée le 21 juin 1791,
par le besoin de donner au moins une idée de
ces fonctions, et de poser les bases premières.

Cette instruction est aujourd'hui inconnue
dans nos armées. Il est vrai qu'elle y seroit
insuffisante, parce que les Etats-majors divisionnaires, dont les nécessités de circonstances ont, pour ainsi dire, organisé le travail, dans les mains des hommes les plus
capables qui en ont été chargés, se trouvent

(*) Ce nombre vient d'être porté à 110 par la loi
du 23 fructidor an 7.

aujourd'hui avoir, non de droit, mais de fait, des devoirs plus étendus, plus importants et plus vastes que ceux qui leur avoient été primitivement assignés.

Par cette même instruction, les adjudants-généraux, pour s'aider à remplir leurs fonctions, pouvoient s'adjoindre trois officiers dans chaque division frontière, et un dans chaque division de l'intérieur. Ces officiers devoient être choisis par le général commandant la division, mais sur la présentation de l'adjudant-général. Cette adjonction ne devoit durer que le tems de la campagne, pendant lequel ces officiers jouissoient d'un supplément de traitement par forme de gratification extraordinaire.

Ces dispositions préliminaires, mais insuffisantes, furent, suivant les armées et les époques, diversement observées, jusqu'à ce que, par décret du 21 février an 2 de la République, la Convention comprît les Etats-majors dans l'organisation qu'elle donna à l'armée.

C'est cette organisation qui place auprès du chef de l'Etat-major-général, quatre adjudants-généraux, qui en attache un à chaque division active, un à l'avant-garde, et un à la réserve de chaque armée, et qui donne deux officiers adjoints à chacun d'eux, en

déterminant le mode de nomination de ces
dernières.

La loi du 14 germinal changea encore une
partie des dispositions de celle du 21 février,
et prescrivit, entr'autres choses, de ne
prendre les adjoints que parmi les lieutenants
et sous-lieutenants, excluant de ces places
les capitaines.

Aujourd'hui cette dernière disposition n'est
plus en vigueur, quoiqu'elle ne soit pas rapportée. Ainsi les Etats-majors sont encore tels
qu'ils ont été créés par la loi du 21 février
an 1er, modifiée par celle du 14 germinal,
an 3, et par l'arrêté du comité de salut public,
qui a donné le grade de chef de brigade à
tous les adjudants-généraux des armées.

DEUXIÈME QUESTION.

Qu'est-ce qu'un Etat-major-général ?

Un *Etat-major-général* est, comme nous
l'avons déjà dit, le point central des grandes
opérations des armées.

Telle est du moins la définition qui nous
paroît toujours donner l'idée la plus sommairement juste de cette machine vaste et
compliquée. Mais comme elle ne peut être
assez satisfaisante pour ne pas nécessiter de

nouveaux développemens, nous présenterons, pour les donner, le tableau rapide de ses principales attributions, observant cependant de nous restreindre de manière à écarter tous les détails qui ne sont pas essentiellement nécessaires, et que d'ailleurs nous réservons pour un ouvrage dont celui-ci n'est qu'un fragment.

De cette manière, nous dirons que l'état-major-général d'une armée est :

1°. Le point central d'où partent ordinairement, et d'où doivent partir tous les ordres de service, de mouvement, d'attaque, etc. que donne le général en chef.

2°. Celui où arrivent, et d'où partent, pour les divisions et les places, les ordres, instructions, circulaires, journaux, imprimés, etc., que le Gouvernement ou le Ministre de la Guerre envoie à l'armée.

3°. Celui où se rédige, et d'où part journellement l'ordre général de l'armée.

4°. Celui d'où partent les séries des mots d'ordre pour toutes les divisions ou pour les commandements particuliers.

5°. Le centre où vont se refondre en un seul tout, et, pour ainsi dire, se placer dans un seul cadre, toutes les opérations dont les États-majors divisionnaires, les généraux et autres commandants militaires, les commissaires ou agents généraux et particuliers lui doivent compte.

6°. Le centre de la correspondance la plus active avec le gouvernement, le ministre, les généraux, et autres militaires, les commissaires généraux et ~~agents de toutes espèces~~, avec les familles des militaires, les municipalités, etc.

payeurs généraux

7°. Le lieu d'où partent, pour le ministre, les états qu'il demande, l'historique de l'armée, les plans, les cartes, etc.

8°. La filière où doivent passer presque toutes les réclamations de solde, d'avancement, et toutes autres contestations que les militaires de l'armée peuvent avoir à soumettre à la décision du général en chef, du ministre de la guerre, ou du gouvernement. *d'où devaient partir tous les ordres*

9°. Le centre ~~de toutes les opérations~~ nécessaires pour assurer les besoins de l'armée; jusques dans ses mouvements les plus rapides, les plus éloignés, et quelquefois même les moins prévus; et cela en, artillerie, chevaux, munitions, charrois, transports, armes, argent, vivres, fourrages, effets d'habillement, d'équipement, d'enharnachement, etc.

10°. Le centre des mesures générales pour l'approvisionnement, l'armement, et tous les travaux nécessaires à la défense des places comprises dans l'arrondissement de l'armée, *lorsque ces mesures ne peuvent être prises par le Min. de la guerre ou que l'armée agit en pays conquis.*

11°. Le lieu où s'ordonne, d'après les vues du général en chef, c'est-à-dire, d'après les besoins présents ou futurs de l'armée, l'établissement des hôpitaux sédentaires et ambulants.

12°. Le lieu où se demandent, se visent, ou se donnent les congés, où se délivrent même quelquefois les routes pour les corps qui, par exemple, quittent l'armée.

13°. Le lieu où se règle la conduite des prisonniers de guerre qu'on y envoie de toutes les divisions, leur répartition dans les différentes places ou villes, et souvent enfin leur échange.

14°. Le lieu où se fait, d'après les ordres du général en chef, la nomination et la mutation des commandants d'arrondissements, de places, de divisions; où se fait, d'après la même autorité, la répartition des officiers-généraux, et où se détermine celle des troupes, ainsi que leurs mutations et mouvements principaux.

15°. L'endroit où doivent se dessiner toutes

les positions que prend l'armée, se tracer, sur des cartes destinées à cet objet, toutes les marches des troupes, le lieu des affaires, et principalement le point des attaques ; et enfin se faire le lavis de toutes les places et camps retranchés, et autres ouvrages que l'on projette et que l'on fait faire.

16º. L'endroit de la partie secrète, c'est-à-dire, le lieu où doivent être adressés les rapports de toute nature, où se fait le service de l'espionnage, etc., etc.

17º. Enfin le centre de toutes les administrations de l'armée, et le lieu où se tiennent tous leurs chefs, c'est-à-dire, les commissaires - généraux, le payeur - général, les inspecteurs-généraux, etc., etc., etc.

Par ces nombreuses attributions, qui forment la majeure partie du travail d'un Etat-major-général, on voit que le général en chef d'une armée ne conserve que ses plans de campagne, leur direction, et le haut commandement (3).

_____

(3) L'organisation de nos Etats-majors (quoique bien informe encore), est néanmoins digne d'admiration, et l'un des plus grands perfectionnements de notre manière actuelle de faire la guerre.

On conçoit quelle impulsion, quel mouvement, un nombre d'officiers choisis, zélés, intelligents et

A la tête d'un Etat-major-général, la loi met au moins un général de brigade, et ordinairement un général de division, avec le titre de *chef de l'Etat-major général de l'armée* (4), dont il devient réellement la seconde personne, puisqu'il se trouve être à-la-fois l'homme du gouvernement, de l'ar-

---

instruits, aussi considérable que l'est celui de nos Etats-majors, et qui, comme eux, appartiennent, pour ainsi dire, à toutes les parties de la guerre, peut donner à une armée, en activant ses opérations, et leur donnant toute la perfection possible.

Nos Etats-majors ne sont pas sans doute encore tout ce qu'ils pourroient être ; mais ils forment cependant déjà la base d'un fort bel édifice : appelons sur une organisation aussi importante, le zèle des hommes de génie, dont la guerre et l'amour de la patrie ont développé les talents et augmenté les lumières.

(4) Il existe peu de places dans l'armée, dont on ait moins recherché, déterminé, et développé les devoirs, que la place de chef d'Etat-major-général. Et cependant ce chef est réellement, après le général en chef, le premier homme d'une armée, celui qui peut faire le plus de bien et le plus de mal. Le même vide existe relativement aux Etats-majors considérés en eux-mêmes. Guibert, dans le 2e. chapitre de son Essai général de Tactique, tome II, dit, en parlant des Etats-majors : « Détails immenses sur lesquels il n'y a rien » d'écrit, sur lesquels il reste beaucoup à imaginer, et » presque tout à réduire en principes ».

mée, du ministre, et du général en chef (5).

Des relations et des opérations de cette importance entraînent inévitablement une très-grande responsabilité : mais un chef d'Etat-major-général a plusieurs moyens d'en diminuer la charge. L'un de ces moyens consisteroit à diviser l'Etat-major-général en autant de bureaux qu'il y a de principales parties de service, et à mettre à la tête de chacun de ces bureaux, un adjudant-général, qui seroit chargé de la signature de tout ce qui sortiroit de son bureau ; qui conséquem-

---

(5) Il est sans doute inutile de dire que l'Etat-major-général d'une armée ne quitte point son quartier-général en chef. Il est néanmoins arrivé pendant la campagne de Bonaparte en Italie, que (par la difficulté de ses déplacements) l'Etat-major général de cette armée, restoit quelquefois en arrière, et cela, quoique le général Berthier en fût parti pour accompagner le général Bonaparte dans ses grandes opérations. Le général Berthier n'étoit alors suivi que par ses aides-de-camp, un adjudant général, deux adjoints, et un secrétaire, et n'avoit avec lui que son porte-feuille. Tous les autres officiers généraux, ou particuliers et secrétaires, etc. qui appartenoient à l'Etat-major-général, les papiers de ses différens bureaux, et tous les chefs des administrations marchoient avec les équipages du quartier-général, lorsque l'embarras de leur mouvement ne pouvoit plus les exposer à aucun péril.

ment n'auroit journellement à rendre au chef
de l'Etat-major-général, qu'un compte très-
succinct, qui dès-lors (excepté quelques cas
importants), agiroit d'après lui seul, et
débarrasseroit par-là le chef de l'Etat-major-
général de cette immensité de détails, qui
absorberoient sans nécessité des moments plus
impérieusement réclamés par d'autres objets.
De cette manière le chef de l'Etat-major-général ne se réserveroit que la haute inspection, la répartition du travail, suivant l'ordre
qu'il en auroit arrêté ; les relations avec le
ministre et le gouvernement, et la signature
des ordres ou lettres les plus essentielles, et
dont la rédaction formeroit une partie du
travail de son bureau particulier, bureau qu'il
pourroit encore faire conduire par un sous-
chef d'Etat-major-général, qui le suppléeroit
ou le seconderoit au besoin (6).

---

(6) D'après ce qui précède, on pourroit diviser
un Etat-major-général de la manière suivante.

Le premier bureau, qu'on regarderoit comme le
bureau particulier du chef de l'Etat-major-général,
comprendroit,

1°. Tout ce qui tient au mouvement des troupes ; à
la marche des prisonniers de guerre, et à l'organisation de l'armée.

2°. La correspondance générale.

Du reste, il doit y avoir par chaque vingt-
quatre heures, un adjudant-général de service

3°. Les relations avec le ministre.

4°. La confection des situations et autres états.

5°. L'historique de l'armée.

6°. Les mots d'ordre et de l'ordre du jour.

7°. Les congés et permissions.

8°. Toutes les relations avec le général et les autres
chef de l'artillerie, pour ce qui tient au personnel
et au matériel de cette arme.

Le chef du deuxième bureau seroit chargé,

1°. Des relations relatives à l'approvisionnement et au
service administratif des places de guerre, des
divisions actives, et des étapes pour les troupes
en mouvement.

2°. Des relations relatives aux remontes.

3°. Des relations relatives aux transports, c'est-à-dire
aux équipages d'artillerie, aux vivres et fourrages,
aux ambulances, et aux effets militaires.

4°. Des relations relatives aux modes de distributions,
aux lieux des principales distributions, et autres détails qui peuvent y être relatifs.

5°. De la correspondance et des autres relations avec
les commissaires-généraux, agents-généraux, inspecteurs-généraux, etc.

6°. Des relations relatives aux hôpitaux et aux conva-
lescents.

7°. Des affaires individuelles et particulières.

Le chef du troisième bureau seroit chargé,

1°. Des relations relatives à la solde.

2°. Des contributions.

3°. De la comptabilité et des dépenses particulières

à l'Etat-major-général, lequel passera la nuit dans le principal bureau pour recevoir tout ce qui peut arriver, répondre pour ce qui est de sa compétence, ou bien en rendre compte de suite, ou le matin, au chef de l'Etat-major-général, suivant que l'objet sera plus ou moins important et pressé.

Dans les déplacements de l'Etat-major-général, il y a toujours un adjudant-général chargé de la conduite de la colonne, comme aussi un autre chargé des logements.

Dans le moment des attaques, il y a ordinairement dans chaque division, un officier de l'Etat-major-général, chargé d'en suivre les mouvements et opérations, et d'en rendre compte à son retour. Dans quelques ar-

---

et secrettes de l'Etat-major-général, et des Etats-majors divisionnaires.

Le chef du quatrième bureau le seroit,

1º. De la partie secrette, des espions, et des guides proprement dits.

2º. De l'échange des prisonniers.

Le chef du cinquième bureau seroit chargé de la partie topographique.

Les chefs de ces quatre derniers bureaux communiqueroient journellement avec celui du premier pour les articles qu'ils auroient à fournir pour l'ordre du jour, etc.

C

mées, ce service a été fait par les aides-de-camp du général en chef.

Quant à la composition d'un Etat-major-général, elle comprend :

1°. Le général en chef.

2°. Le chef de l'Etat-major-général, et le sous-chef s'il y en a un.

3°. Le général de l'artillerie.

4°. Le commandant du génie.

5°. Leurs différens aides-de-camp.

6°. Les adjudants-généraux attachés au général en chef, ou au bureau de l'Etat-major, ainsi que leurs adjoints.

7°. Le commissaire-général.

8°. Le payeur-général, le directeur-général de la poste aux lettres, et les principaux chefs d'administrations.

9°. Les officiers de santé en chef de l'armée.

10°. Le vaguemestre-général.

11°. Enfin, tous les militaires ou employés, qui, par les ordres particuliers du général en chef, ou la nature de leurs fonctions, suivent l'Etat-major-général, ou y sont attachés.

Après avoir ainsi parcouru rapidement ce qui tient au service de l'Etat-major-général, examinons avec plus de détail ce qui constitue la totalité de celui des États-majors-divi-sionnaires, qui ne sont réellement que des dé-membrements des États-majors-généraux ; les chefs de ceux-là ne faisant que remplacer dans les divisions les chefs de ceux-ci, à la disposition desquels ils restent toujours, ainsi que tous les adjudants-généraux et adjoints de l'armée.

Tracer les devoirs des uns, c'est, en grande partie, du moins, faire connoître les devoirs des autres.

Troisième Question.

Qu'est-ce qu'un État-major-divisionnaire dans une armée ?

L'État-major d'une division est le bureau d'où tous les ordres doivent partir, et où doit se faire tout le travail écrit de cette partie du service militaire. On appelle aussi l'État-major, la totalité des officiers ci-après designés, savoir :

1°. Des généraux-divisionnaires et de brigade qui se trouvent employés dans la division, ainsi que des aides-de-camp qui leur sont attachés.

2°. D'un adjudant-général (7) que la loi met

_____

(7) Adjudants-généraux, officiers assimilés aux offi-

à la tête de ces Etats-majors-divisionnaires, et auquel on donne le titre de chef de l'Etat-major (8).

5°. Des autres adjudants-généraux qui peuvent se trouver dans la division (9).

4°. Des officiers que la loi accorde aux adjudants-généraux pour les seconder, ou même les suppléer au besoin, et que l'on désigne par la qualification d'adjoints aux adjudants-généraux (10).

---

ciers-généraux par le costume et par le titre qu'il est d'usage de leur donner, et aux chefs de brigades par la solde et par le rang.

Il n'y a cependant aucune espèce de rapport entre la nature et l'importance de leurs fonctions et de celles de chefs de brigades.

(8) Pendant le commencement de la campagne de l'an 5, en Italie, ce titre avoit été changé en celui de chargé du détail de la division.

(9) Il n'y a presque point de division où il ne se trouve plus d'un adjudant-général. Alors le commandant-général les emploie, soit en leur confiant une avant-garde ou même une brigade, soit en leur distribuant, suivant leurs moyens, différentes attributions du chef de l'Etat-major, tels que la partie active proprement dite; les détails relatifs aux subsistances, à l'habillement, aux hôpitaux, etc.

(10) Le mode de nomination de ces officiers prouve combien on a senti l'importance de leurs devoirs, puisque, pour parvenir à ces places, il faut que ces

3°. Des officiers de génie attachés à la divi-

---

officiers obtiennent tout-à-la-fois la confiance de l'adjudant-général qui les demande, du chef de l'Etat-major qui les agrée, et du ministre de la guerre qui les commissionne d'après la décision du gouvernement.

Quant au travail du chef de l'Etat-major et de ses adjoints, on ne peut en déterminer la différence. Un adjoint peut faire le service de chef d'Etat-major. Sa signature, précédée de ces mots, *par ordre*, a la même force que celle de l'adjudant-général, etc. On sent pourtant que la signature appartient au chef lorsqu'il est présent, ainsi que tout ce qui peut être ou paroître important, et que les simples rédactions, la surveillance du bureau, la conduite des colonnes, les reconnoissances, les courses, et en général ce qui tient au détail de ce service, sont plus naturellement du ressort des adjoints.

Je me suis souvent demandé ce qui, malgré l'importance de leurs devoirs, avoit pu, pendant quelques années du moins, affoiblir la considération dont les officiers d'Etats-majors jouissoient au commencement de la guerre, et dont ils auroient dû toujours jouir pour le bien même du service ; et je n'ai trouvé la réponse à cette question que dans la manière dont on les a multipliés et choisis, aux époques où l'opinion leur est devenue moins favorable.

Dans les premières campagnes, on fit entrer dans les Etats-majors, des domestiques et des filles auxquelles on fit porter l'uniforme et l'épaulette. Tous les jours les généraux se renouvelloient, et beaucoup d'entr'eux laissoient des officiers au bureau : le nombre de ces

sion, et qui, quoique non employés au

derniers fut encore augmenté par l'effet qu'avoient alors les arrêtés des représentants du peuple, et d'après lesquels, plusieurs militaires entrèrent aux Etats-majors, qui devenoient également l'asyle des aides-de-camp ou adjoints des généraux, ou adjudants-généraux tués ou blessés.

Le gouvernement prit enfin des mesures contre ces abus : mais la nombreuse création de généraux faite en 1793, maintint la même disproportion entre le nombre des officiers d'Etats-majors existants et le nombre de ceux nécessaires. La confusion en devint même encore plus grande, attendu que, pour être adjoint à l'Etat-major, il ne fut plus nécessaire d'être officier, et que, de cette manière, on y employa des hommes sans instruction et sans moyens d'en acquérir.

Ces causes réunies jetèrent une espèce de défaveur sur les officiers d'Etats-majors ; et les reproches qu'on eut à faire à quelques-uns d'entr'eux, furent bientôt exagérés et généralisés.

Il arriva à cet égard aux adjoints à l'Etat-major, ce qui est ordinaire dans tous les postes qui fixent les regards ; l'envie et la jalousie ajoutèrent les calomnies aux médisances.

Mais il y a dans la carrière des armes des momens où toutes les passions se taisent. Ces momens sont ceux du danger. Ce sont aussi ceux où les officiers d'Etats-majors ont le plus d'occasion de se faire connoître, et de prouver qu'ils sont dignes du poste qu'ils occupent.

bureau de l'Etat-major, appartiennent

En effet, instruits à-peu-près autant que le général, de la force et de l'état des troupes, de la position et de la force de l'ennemi ; connoissant, jour par jour au moins, le but que le général se propose ; occupés à parcourir sans cesse le champ de bataille ; voyant par eux-mêmes tout ce qui se passe ; combien ne sont-ils pas à même, de donner dans l'occasion les conseils les plus utiles aux officiers des corps, qui ne voyent dans une affaire que le point où ils sont placés, et qui, par-là même, peuvent dans une circonstance imprévue et difficile, faire de grandes fautes avec des intentions pures, du zèle, et même des connoissances militaires.

Mais fort de quelques autorités respectables, j'irai plus loin, et je dirai que, comme la face des affaires peut changer d'un moment à l'autre, et que dans le même espace de tems, un ordre qui étoit nécessaire peut devenir funeste, il seroit à desirer qu'un général pût autoriser un officier d'Etat-major à modifier en cas de besoin un ordre destiné par exemple à un corps, ou à un détachement éloigné ; mais il faudroit pour cela, que cet officier justifiât assez cette confiance, pour que, sur son rapport, le général pût se regarder comme suffisamment instruit et en état de prendre un parti. Dans cette supposition, la réputation la plus distinguée seroit bientôt pour les officiers d'Etats-majors, le prix des services les plus signalés.

Ajoutons enfin, que, ce qui, dans l'esprit de beaucoup de militaires, a nui le plus aux officiers d'Etats-majors, c'est le ton toujours si déplacé que l'on a reproché à quelques-uns d'entr'eux. On peut oublier

C 4

néanmoins à l'Etat-major, dont ils portent
en partie l'uniforme.

6°. De tous les officiers de correspondance (11)
ou adjoints que le chef de l'Etat-major-général attache particulièrement à un Etat-
major-divisionnaire, ou qu'un service trop
actif force le général de division d'y adjoindre au moins provisoirement, et pendant les opérations d'une campagne active.

7°. Des secrétaires de l'Etat-major, dont le
premier est nommé chef de bureau.

8°. Du commandant de la place du quartier-
général.

---

une offense; mais on ne pardonne point ce qui blesse
l'amour-propre.

Il y a plus à cet égard…. Souvent les militaires jugent des généraux par le ton des officiers qui les en-
tourent. Les généraux sont donc eux-mêmes intéressés
à ce qu'autour d'eux on ne s'écarte jamais de cette
honnêteté scrupuleuse, qui, entre militaires sur-tout,
(où tout est et doit être délicat) devroit être reli-
gieusement observée.

(11) D'après la demande du général, les officiers
de correspondance sont choisis dans les corps par les
chefs qui les commandent. D'après les réglemens, ce
service ne doit compter pour eux que comme corvées;
mais par le fait, ils restent ordinairement avec le général, autant de tems que les corps, dont ils font
partie, restent dans la division ou dans l'armée.

Telle est la composition de l'État-major, proprement dit (12), c'est-à-dire, la totalité des officiers qui le composent, et que la loi donne aux généraux commandant les divisions, pour les seconder dans leurs opérations, et particulièrement les suppléer dans tout ce qui concerne les détails du bureau et du service.

---

(12) J'ai souvent pensé qu'on pourroit distinguer sous le nom de *quartier-général*, la totalité des généraux et des officiers qui leur sont attachés; et sous celui d'*État-major*, tous les autres officiers qui, par la nature de leurs devoirs, suivent les mouvements du quartier-général.

SECONDE PARTIE.

Des principaux objets de service dans les Etats-majors-divisionnaires.

LES devoirs d'un chef d'Etat-major-divisionnaire et de ses adjoints, varient aussi sensiblement qu'essentiellement, selon que l'armée se repose, marche, ou se bat; ainsi les repos, les marches, les affaires, formeront la division naturelle de cette partie.

CHAPITRE PREMIER.

Des devoirs d'un chef d'Etat-major dans le repos (13).

J'entends ici par *repos*, le tems qu'un corps de troupes ou d'armée reste dans un même lieu, lorsque ce tems excède celui d'une simple halte.

---

(13) Dans cet article et dans quelques autres encore, je ne parle que du chef de l'Etat-major, quoique j'aie précédemment annoncé qu'il est toujours entouré de plusieurs autres officiers qui partagent ses fonctions. C'est qu'à la rigueur il n'y a que lui qui soit responsable, ou que du moins les autres officiers n'agissent que par son ordre et en son nom.

Dans cette position, les devoirs d'un chef d'Etat-major tiennent à la partie active, et au travail du bureau.

§. Ier.

De la partie active dans le repos.

La partie active dans l'état de repos, comprend tout ce qui n'est pas écriture, et consiste particulièrement :

1°. A aller tous les matins chez le général-commandant, pour se trouver à l'ordre, pour lui rendre compte de la position des troupes, lui remettre le résumé des appels ; le rapport écrit du commandant de la place du quartier-général ; tous les cinq jours le relevé des états journaliers des troupes de la division, et tous les mois le grand état de quinzaine ; lui faire le rapport de ce qui concerne les subsistances et les distributions ; lui soumettre les congés, permissions, ou autres objets demandés par les corps de la division, ou les militaires qui les composent ; lui faire connoître le travail et les opérations qui se sont faites dans les vingt-quatre heures précédentes ; lui communiquer les ordres donnés, et les instructions particulières qui y ont été jointes ; lui sou-

mettre les articles qui doivent former l'ordre du jour ; recueillir ceux que le général
jugera à propos d'y ajouter ; et enfin, prendre
ses ordres (14).

---

(14) Lorsqu'une division aura changé de commandant, le chef de l'Etat-major remettra au nouveau
général (et en même tems qu'il lui présentera le rapport ci-dessous détaillé),

1°. L'état de situation des troupes de la division ; ce-
    lui du personnel et du matériel de l'artillerie ; ce-
    lui du parc, etc. ainsi que l'état des officiers com-
    posant l'Etat-major;

2°. L'organisation de la division, c'est-à-dire, la com-
    position et l'emplacement des brigades,

3°. Le rapport sur la position militaire de la division
    et de l'ennemi, ou sur la disposition des habitants
    du pays que l'on occupe.

4°. L'état des munitions de guerre, en réserve dans
    des arsenaux ou dans des forts, etc.

5°. L'état des besoins de la division en habillement,
    équipement, chaussure, armes, chevaux, etc.

6°. Un rapport sur les ressources générales du pays.

7°. L'état de la solde.

8°. L'état des conseils de guerre et de révision de la
    division.

9°. La composition de la commission militaire, s'il y
    en a une.

10°. L'organisation des administrations militaires.

11°. L'historique de la division pour la campagne, et
    jusqu'au jour où il sera remis.

2°. A placer et répartir les troupes, soit qu'elles campent, cantonnent, etc.

3°. A visiter les camps, cantonnements, quartiers, prisons, et hôpitaux militaires.

4°. A surveiller les distributions, en ce qui concerne les qualités et quantités.

5°. A communiquer avec les autorités civiles, pour tout ce qui n'est pas nécessairement objet d'ordre ou de correspondance.

6°. A accompagner le général-commandant dans ses tournées, revues, reconnoissances ou découvertes.

7°. A faire ou faire faire les reconnoissances, visites de cantonnements et tournées qui sont ordonnées.

8°. A se trouver aux inspections des gardes, piquets et détachements, et cela de quelque manière que ces inspections se fassent.

9°. A visiter soit de nuit, soit de jour, les grandes gardes et postes avancés.

10°. A inspecter pendant un siége les troupes commandées pour la tranchée.

Ces trois derniers articles n'étant pas dans la ligne directe de ses devoirs, un chef d'Etat-major sera toujours le maître de s'y conformer ou non ; son zèle le déterminera seul à cet égard. Aussi ne les avons-nous placés ici que pour ne rien omettre.

§. I I.

Du travail de bureau.

Dans le bureau où le travail comprend tout ce qui est écriture, les devoirs d'un chef d'Etat-major consistent :

1°. Dans la rédaction claire et précise des ordres qu'il transmet et qu'il donne.

2°. Dans leur prompte expédition.

3°. Dans l'envoi du mot d'ordre à toutes les troupes de la division.

4°. Dans la rédaction des articles de l'ordre du jour, et dans son envoi (15).

5°. Dans la répartition entre les différents corps ou détachements composant la division, de tous les objets dont la distribution est ordonnée.

6°. Dans une correspondance active avec le commissaire des guerres, pour tout ce qui concerne les subsistances, les distributions,

---

(15) Afin de diminuer le travail du bureau, les troupes qui composent la garnison du quartier-général, et celles placées à sa portée, peuvent recevoir l'ordre d'envoyer chaque jour, et à une heure déterminée, leurs adjudants ou fourriers copier à l'Etat-major, l'ordre du jour.

l'habillement, l'équipement, les hôpitaux, les ambulances, les magasins, etc.

7°. Dans le visa des congés qui peuvent être accordés par le général de division, ou qui l'ont été par lui ; dans celui de toutes les demandes que les corps ou des militaires isolés font passer à l'Etat-major-général ou au ministre, relativement à leurs besoins ou à leurs réclamations ; dans le visa des bons d'armes ou de munitions, que font ou que doivent faire les différents corps par la voie de leurs conseils d'administration ; dans le visa des états de la solde des corps, soit pour le courant, soit pour l'arriéré ; dans le visa des états des pertes faites par les militaires de la division ; dans le visa des états de solde des vaguemestres des corps, et du vaguemestre-divisionnaire ; états qui consistent en des certificats de ce dernier, contenant le nom de l'individu et la somme due, et exprimant pour quel tems ; dans le visa de l'état de paiement des travailleurs militaires ou autres, employés, pendant la campagne, soit aux tranchées, soit à d'autres ouvrages d'attaque ou de défense.

8°. Dans les mesures à prendre pour le remplacement des armes mauvaises ou perdues, et pour que les munitions ne manquent jamais.

9°. Dans la confection des états journaliers et de quinzaine, des états pour les commissaires, ou autres qui pourroient être nécessaires ou demandés.

10°. Dans la réception des billets par lesquels les ordonnances de cavalerie doivent justifier, auprès du chef de l'Etat-major, de l'heure à laquelle ils arrivent; et dans la confection de ceux par lesquels ils doivent justifier, auprès de leurs chefs, de l'heure à laquelle ils quittent l'Etat-major.

11°. Dans la confection des ordres de mouvements généraux ou particuliers, et dans leur envoi à tous ceux qu'ils concernent.

12°. Dans le rapport journalier et succinct du travail qui s'est fait.

13°. Dans la rédaction, la signature, et l'envoi des lettres de nomination de tous les membres des conseils de guerre et de révision, et des commissaires militaires quand on en crée, le tout d'après les choix faits par le général-commandant.

14°. Dans le classement des plaintes, dénonciations, procès-verbaux, et autres pièces de ce genre, pour ou contre des militaires

ou

ou autres individus employés à la suite de
l'armée.

15°. Dans l'envoi de ces différentes pièces au
conseil de guerre.

16°. Dans l'attention de rappeler à l'ordre
du jour tous les ordres antérieurs qui n'auroient pas été exécutés ou suivis.

17°. Dans l'envoi de tous les jugements au
général commandant la division, et au chef
de l'État-major-général.

18°. Dans la plus grande exactitude et l'ordre
le plus parfait, pour tout ce qui concerne
la correspondance, l'enregistrement et le
classement des papiers à conserver.

19°. Dans le rapport historique de tous les
mouvements et opérations des corps qui
composent la division.

20°. Dans la rédaction des consignes des principaux postes.

21°. Dans l'exactitude à donner les renseignements qui lui sont demandés par les
familles des militaires de la division.

22°. Dans la répartition du service entre les
corps qui forment la garnison de la place
où se trouve le quartier-général de la division; répartition qui doit être faite d'après
la demande du commandant de place, et
sur des contrôles exacts, afin d'égaliser le
service des corps.   D

23°. Dans la demande des hommes destinés
à servir de sauve-garde, en observant de
les prendre à tour de rôle dans chaque
brigade, et tenant à cet effet un état exact
de répartition.

24°. Dans la réception des états journaliers et
de quinzaines, des rapports, du détail des
gardes et détachements fournis dans les
vingt-quatre heures par les corps de la division ; dans le soin de donner des reçus écrits
de tout ce qui leur sera remis, en portant
sur les reçus l'heure des remises.

25°. Dans la réception et le classement des
rapports journaliers de l'officier chargé,
pendant les siéges, du détail de la tranchée ;
rapport qui doit contenir la note de tous
les ordres et certificats qu'il aura donnés,
ainsi que l'état des morts et blessés corps
par corps.

26°. Dans la tenue de l'état des prisonniers
de guerre faits par l'ennemi. Cet état sera
toujours fait pour chaque corps séparément ; et en conséquence l'état des hommes
pris par l'ennemi sera toujours adressé dans
les vingt-quatre heures au chef de l'Etat-
major, par les chefs des différens corps.

27°. Dans la signature de tout ce qui sort du
bureau de l'Etat-major, et notamment de

tout ce qui est envoyé au ministre et aux
généraux, et de ce qui est permission ou
autorisation, etc.

28°. Dans l'exactitude à prévenir des mouvements du quartier-général, toutes les personnes qui marchent avec lui, telles que le
commandant de l'artillerie, le commissaire
des guerres pour toutes les administrations,
le commandant de la place, les présidents
des conseils de guerre et de révision, les
officiers de génie, etc.

Quant à la responsabilité qui accompagne
toujours des devoirs aussi compliqués, et qui,
par la nature des événements, reçoit souvent
un si haut degré d'importance; un chef d'Etat-
major ne doit rien négliger, rien épargner
pour la couvrir : motif qui se réunit à ceux du
devoir, du zèle, et de l'honneur, pour le déterminer à s'astreindre à un ordre de travail
extrêmement méthodique.....

Nous proposerons à ce sujet le moyen suivant, qui a été justifié par l'expérience.

1°. Pour le suivre, un chef d'Etat-major doit
toujours avoir sur lui un cahier dans lequel,
et autant que cela est possible, il écrive,
sous la dictée du général commandant la
division, tous les ordres qu'il en reçoit, et
sur lequel le général signe les ordres après

les avoir donnés, de manière qu'il n'y ait jamais d'ordres verbaux (16).

2°. Il doit avoir un registre de correspondance divisionnaire, qui contienne par dates, lieux de départ, heures et numéro, les noms et adresses de ceux à qui il écrit toutes les lettres qu'il signe.

3°. Un autre registre de correspondance avec le ministre de la guerre, le quartier-général, le commissaire-général, le général d'artillerie, etc.

4°. Un registre qui contienne de la même manière tous les ordres qu'il donne ou transmet.

A la fin de chaque lettre ou ordre, doit se trouver le nom de l'ordonnance qui en est porteur, son grade, son corps, l'heure et la date du départ. Il y a beaucoup de bureaux d'État-major, où l'on a eu un registre des ordonnances, sur lequel, outre tous ces détails, se trouve par numéro la désignation de chaque lettre ou paquet, ainsi que le numéro du reçu

_____

(16) On ne doit s'écarter de cette marche que dans le cas d'une très-grande confiance entre le chef de l'État-major et le général-commandant. Dans ce dernier cas, le premier peut se contenter de faire arrêter et viser, tous les dix ou quinze jours, les différens registres par le général commandant la division.

motivé, lorsque même on ne le colle pas au bas de la lettre ou de l'ordre.

L'article des reçus est encore un de ceux qu'un chef d'Etat-major doit le moins négliger. Souvent les militaires qui reçoivent des lettres ou des ordres, se contentent d'en remettre l'enveloppe au porteur, qui, la plupart du tems, n'ose pas exiger de reçu, et risque par-là de compromettre celui dont il a porté les ordres. Pour éviter cet abus, ou celui de n'obtenir que des reçus sans dates, il faut avoir des reçus imprimés, les remplir soi-même, de sorte que celui qui reçoit un ordre ou un paquet, n'ait qu'à signer le reçu qui y est joint. Lorsque l'objet de la lettre ou du paquet est secret, on met le reçu dans la lettre ou paquet, et l'ordonnance le rapporte cacheté.

5°. Un registre où tous les ordres du jour provenant de la division, soient exactement portés.

6°. Un registre semblable pour les ordres du jour de l'Etat-major-général. Comme il est impossible, en quittant un bureau d'état-major, de ne pas y laisser un registre des ordres du jour, un chef d'Etat-major peut en faire particulièrement tenir un à cet effet.

7°. Un registre d'états, où se trouvent tous

ceux qu'il a fournis pour les besoins des corps ou autres objets.

8º. Un registre qui contienne les modèles des différents états qu'il peut avoir à fournir.

9º. Un registre particulièrement destiné aux travaux des conseils de guerre, et à la correspondance à laquelle ils donnent lieu.

10º. Un registre pour la partie secrète, c'est-à-dire, un registre contenant 1º. les instructions données aux espions; 2º. les rapports faits par eux; 3º. les renseignements particuliers que l'on pourra se procurer en questionnant les habitants les plus instruits dans les pays que l'on parcourra; 4º. les rapports des officiers chargés des découvertes et reconnoissances; et 5º. les rapports topographiques fournis par les officiers du génie ou autres (17).

11º. Des cartons, porte-feuilles ou chemises, où tous les papiers soient exactement classés, et principalement ceux qui viennent des généraux, du ministre et de l'Etat-major-général.

12º. Enfin une caisse portative, faite en forme

_____

(17) Ce registre, tenu avec quelque soin, ne tardera pas à devenir précieux par les matériaux historiques qu'il contiendra.

de bureau, distribuée en compartiments et tiroirs, où tous les cartons et registres soient placés dans un ordre fixé, et dont l'un des pans puisse se rabattre de manière à servir de secrétaire.

Il est inutile sans doute d'observer qu'on doit pouvoir y placer tout ce qui peut être nécessaire pour le travail, et que cette caisse est indispensable, vû les fréquents déplacements qui ont lieu pendant les opérations d'une armée (18).

(18) PLAN DE LA CAISSE.

Registre et	Registre de l'historique et	Correspondance divisionnaire.
Carton des ordres du jour et des mots d'ordre.	Carton contenant les rapports de reconnoissauce, etc. les relations d'affaires, etc.	Et carton contenant les lettres reçues de la division.
Registre et	Papiers blancs.	Registre de correspondance.
Carton des ordres de mouvement.	Papiers imprimés.	Et carton de la correspondance avec le ministre, le quartier-général, commissaire-général, etc.
Registre et		Registres et
Carton des conseils de guerre, contenant: plaintes, procés-verbaux, jugements.	Tiroir fermant, Contenant encriers, plumes, cire, ainsi que les papiers secrets.	Carton de correspondance avec les familles des militaires et autres objets divers comme états, situations.

Pour la plus grande facilité du travail, et pour éviter les oublis auxquels la multiplicité et la complication des affaires expose si souvent, un chef d'Etat-major doit encore avoir dans son bureau, un cahier contenant les tableaux suivans, savoir :

1er. *Tableau.* Ordre de service pour l'Etat-major. Ce tableau doit contenir la répartition du travail entre les secrétaires, le tour de service des officiers et les ordres de détail qu'on auroit à y ~~joindre~~; à quoi il faut joindre l'ordre à tous les officiers et secrétaires, d'avoir toujours, et principalement en campagne, des plumes, de l'encre et du papier sur eux.

2e. *Tableau.* Etat des logements, contenant les adresses des généraux, de l'Etat-major, des officiers de l'Etat-major, des chefs de corps, du commissaire, du payeur, des présidents et rapporteurs, de la poste militaire, du vaguemestre, du commandant de place, du président et rapporteur des conseils de guerre et de révision, des officiers de génie, etc.

3e. *Tableau.* Liste des personnes qui doivent recevoir le mot d'ordre, et les jours qu'il doit être envoyé.

4e. *Tableau.* Liste des personnes auxquelles on doit envoyer l'ordre du jour.

5°. *Tableau.* Note des différents états à envoyer, et des personnes auxquelles ils doivent être adressés.

6°. *Tableau.* État des commandants temporaires, contenant la force de leurs détachements ou garnisons, leur arrondissement, et l'abrégé des instructions particulières qui leur ont été données.

7°. *Tableau.* État des troupes de la division.... Force active et effective.

8°. *Tableau.* Emplacement des troupes, contenant les camps, bivouacs, garnisons, et cantonnements.

9°. *Tableau.* Service de la division. État des principaux postes, piquets, et patrouilles à fournir, d'après la demande journalière du commandant de place; état des officiers-généraux supérieurs du jour et de *ronde* ~~piquet~~ à nommer : l'officier-général du jour sera nommé par le général. Le chef de l'État-major *fera connaître* ~~nommera~~ le chef de brigade et les deux chefs d'escadron ou de bataillon de piquet, ainsi qu'un officier supérieur de jour par brigade. Ces nominations se feront à tour de rôle, selon le rang d'ancienneté de chacun de ces officiers, d'après un contrôle que le chef d'État-major en tiendra.

10°. *Tableau.* Travail des consignes.

11°. Tableau. Contenant, par rang d'ancienneté, les noms des chefs de corps et des officiers supérieurs des corps de la division.

12°. Tableau. Composition des deux conseils de guerre et du conseil de révision.

Outre cela, le chef de l'Etat-major aura enfin un cahier contenant jour par jour, les noms, grades, corps, et compagnies des ordonnances tant à pied qu'à cheval, qui sont de service à l'Etat-major.

En prenant ces précautions, un chef d'Etat-major sera sûr de ne rien omettre, et de ne pouvoir être compromis : en tout cas, en conservant de cette manière preuve de tout, il lui sera toujours facile de justifier de son exactitude, lorsqu'il sera question de rendre compte de son travail.

CHAPITRE SECOND.

Des devoirs d'un chef d'Etat-major dans les marches.

On peut considérer sous différents points de vue, toute armée qui se transporte d'un lieu en un autre : 1°. Relativement à l'harmonie générale du mouvement : 2°. relativement à l'ordre qui doit y être maintenu;

3°. relativement aux mesures particulières que nécessite son mouvement.

Le premier de ces rapports appartenant exclusivement à l'art de la guerre, je me bornerai ici à parler des deux autres; et comme tout ce qui tient aux marches, forme à lui seul une partie importante et compliquée, je ne craindrai pas d'entrer à ce sujet dans les détails nécessaires au cadre complet de tout ce qu'un chef d'Etat-major doit faire pour éviter tout désordre (19) dans la marche des colonnes, et pour remplir la totalité de ses devoirs.

J'ai dit, dans le chapitre précédent, que le chef d'Etat-major étoit chargé de l'expédition

---

(19) Comme tout mouvement ou déplacement conduit naturellement au désordre, c'est dans une marche surtout qu'un chef d'Etat-major doit s'attacher à le prévenir par de sages dispositions; c'est-à-dire, qu'il doit plus particulièrement veiller à ce que, dans le travail qui lui est confié, on ne puisse rien oublier d'important; à ce que la correspondance ne soit exposée à aucun retard; à ce que chaque ordre arrive à tems; à ce que les états et rapports, l'historique, etc. partent et arrivent journellement; à ce qu'aucun papier ne s'égare; à ce que l'enregistrement se fasse scrupuleusement, etc. etc. Or, comme ce n'est que par de bons secrétaires qu'il peut parvenir à ce but, il ne doit rien négliger ni épargner pour en avoir qui justifient sa confiance.

et de la confection de tous les ordres, dont le premier mérite est toujours la clarté. J'ajouterai que les ordres de route ou de marches, en même tems qu'ils ne doivent rien offrir d'obscur ou de douteux, doivent particulièrement être faits avec cette précision rigoureuse, qui, avare d'expressions, n'employe que les mots nécessaires pour ne rien omettre.

Un faux mouvement peut avoir des suites si terribles, et il est si facile d'y donner lieu, par un style vague ou diffus, que toute personne chargée de donner ou de transmettre des ordres de cette nature, doit mettre toute son attention à éviter ce qui pourroit occasionner ce malheur. Pour cela, un chef d'Etat-major, dans les cas importants sur-tout, ne doit pas se borner à un simple ordre : il doit y joindre les instructions particulières que le trajet peut rendre nécessaires ; telles, par exemple, que celles qui concernent les précautions à prendre, les dispositions convenables à faire, ainsi que la fixation des heures de marche, des lieux de halte, et même des couchées, lorsque ces détails ne sont pas dans l'ordre même, etc. (20)

---

(20) Ces instructions, lorsqu'elles doivent être secrettes, ne s'adressent qu'aux généraux ou comman-

Tout cela devient toujours plus essentiel, à mesure que le corps ou détachement doit être plus isolé, ou exposé à quelque danger ou insulte, et que l'expédition ou le mouvement est plus intéressant, ou se fait plus loin du corps de l'armée ou de la division.

Une chose qui, dans les marches, est nécessaire à la bonne police, à l'ordre, et à la discipline, c'est de ne pas laisser aller à la débandade les fourriers qui, pour le logement ou campement, ou pour les vivres, précèdent les colonnes. Dans son ordre de départ, le chef d'Etat-major pourroit donc prescrire à tous les fourriers des corps de la division, de se trouver, ainsi que les quartiers-maîtres, une heure avant les troupes, au lieu destiné pour le rassemblement et le départ de la colonne, de se former là en bataillon, chaque peloton commandé par un quartier-maître, et de se rendre ainsi sous les ordres des offi-

_____

dants de colonnes, de corps, ou de détachements en marche, et forment la partie secrette du mouvement. Dans cette supposition, un chef d'Etat-major doit, outre ces instructions, faire faire par colonne un ordre ostensible *contenant* (celui de bataille seulement, c'est-à-dire, la place que chaque corps doit occuper pendant le mouvement, et faire remettre copie de ce dernier ordre à chaque officier-général ou chef d'arme.

ciers supérieurs de piquet ou d'un autre officier supérieur, au lieu de la couchée (21) pour
y attendre en bataille le chef d'Etat-major,
et en recevoir les ordres relatifs aux distributions, au logement, etc. Ce bataillon des fourriers auroit pour sa marche quatre tambours,
qui rentreroient chaque fois dans leurs corps
respectifs.

Après avoir donné tous les ordres qui tiennent au travail du bureau, le chef de l'Etat-
major doit se rendre sur le terrein choisi pour
le rassemblement des troupes, et s'y trouver
assez à tems; 1°. pour voir partir l'avant-
garde et le bataillon des fourriers; et 2°. pour
voir arriver et placer les différents corps ou
détachements qui composent la colonne; après

---

(21) Si, pendant la marche, l'on devoit faire des
distributions (comme cela arrive souvent), les fourriers s'arrêteroient à l'endroit où elles devroient avoir
lieu, afin qu'au moment où la colonne arriveroit,
les prises fussent faites, et qu'il n'y eût plus qu'à
les répartir, ce qui se feroit pendant la halte. Dans
ce cas, les troupes ne se remettroient en mouvement
qu'une demi-heure après le départ des fourriers, ou
bien une moitié du bataillon des fourriers continue-
roit sa marche pour aller faire le logement, pendant
que l'autre moitié prendroit les subsistances et les dis-
tribueroit.

quoi il attendra le général, lui rendra compte
de tout, recevra ses ordres, lui présentera
l'officier d'Etat-major qui doit marcher avec
la colonne, et prendre les devants pour faire
le logement de la division (23), choisir avec
l'officier de génie les postes qui doivent la couvrir, et régler avec le commissaire des guerres
tout ce qui est relatif aux subsistances (22).

---

(22) Les fatigues des marches disposent tellement
les troupes au mécontentement, que la moindre irré-
gularité dans les distributions, suffit pour amener de
grands désordres. Ainsi le chef d'Etat-major, parta-
geant avec le commissaire des guerres, le poids de
toute la responsabilité à cet égard, ne doit négliger
aucun moyen de convaincre les troupes, de son zèle à
leur procurer, sans retard, tout ce que la loi et les
circonstances peuvent permettre de leur donner.

(23) D'après l'état des logements nécessaires, le
chef d'Etat-major doit partager en trois classes toutes
les maisons disponibles, après avoir réservé la meilleure pour le général-commandant. Il placera les généraux, l'Etat-major, et le commandant d'artillerie
dans celles de la première classe ; dans celles de la
seconde, les officiers d'Etats-majors, les chefs de
corps, les commissaires, les commandans de la place,
les membres des conseils de guerre et de révision, les
officiers de génie, le vaguemestre, l'ambulance, la
poste, etc. et les employés dans celles de la troisième
classe. Au surplus, il fera les logements par billets
ou à la craye, selon les circonstances.

aux fourrages, et aux autres objets de distributions (24).

En formant les colonnes, le chef d'Etat-major doit avoir soin d'avoir à la tête de chacune d'elles, au moins cinquante travailleurs, pour réparer les routes.

Pendant la marche, il faudra observer de faire garder aux troupes l'ordre dans lequel elles seront parties du camp ou du point de rassemblement.

Tous les hommes à cheval se tiendront sous le vent.

Un officier précédera de cent pas les colonnes pour reconnoître les routes, et indiquer aux officiers et autres personnes à cheval, les passages à la droite et à la gauche des ponts : le tout pour accélérer le passage.

Dans les défilés, tous les hommes à cheval passeront à la tête ou à la queue des bataillons.

Dans les colonnes de troupes, il ne sera

―――――――――――――――

(24) Si, au moment fixé pour le départ de la colonne, le général qui doit la commander, n'étoit pas arrivé, elle n'en partira pas moins, et marchera sous les ordres du premier chef qui se trouvera sur le terrein.

souffert

souffert aucune voiture, et aucun cheval d'é-
quipage.

Si les troupes doivent loger chez le bour-
geois, le chef de l'Etat-major assignera à chaque corps un quartier particulier, et sa place
d'alarme. Si elles doivent cantonner, il les
répartira dans les communes environnantes:
si elles peuvent être casernées, il leur distri-
buera les casernes ; et enfin, il choisira un
terrein propre à leur bivouac ou à leur campement, si elles doivent camper ou bivouaquer.

Si la troupe doit cantonner, il aura soin d'a-
voir de chaque commune un guide, pour conduire chaque corps de troupes à son cantonnement.

Si les troupes doivent bivouaquer, camper,
ou baraquer, il laissera sur la route, et de
préférence aux points où plusieurs routes se
fourchent, ou bien enverra au-devant de la
colonne, des guides pour la conduire sur le terrein qu'il aura choisi, et où il restera lui-même
pour tracer le camp, le faire déblayer ou fau-
cher, placer l'avant-garde dans les postes qui
doivent couvrir l'armée, et faire prendre à
chaque corps son emplacement (25) ; le tout
d'après les ordres du général-commandant.

---

(25) Dans tous ces différents cas, il remettra tou-

E

Comme un corps de troupes campe ordinairement ur plus d'une ligne, le chef d'Etat-major aura soin, après avoir tracé le camp, de régler et d'ordonner les travaux nécessaires pour établir des communications faciles entre les lignes; et il veillera à ce que ses ordres à cet égard soient de suite mis à exécution par l'officier de génie. En général, de quelque manière que les troupes soient réparties, le chef de l'Etat-major s'occuppera toujours et sans retard de cet objet important; et d'après ses propres observations, ou les ordres du général commandant, il fera faire par l'officier de génie, tous les travaux de cette nature qui auront été jugés utiles, et qui seront, suivant les circonstances, d'ouvrir, couper, ou changer une route; de faire ou d'enlever des abattis; de construire ou d'abattre des ponts, etc.

Les pionniers et sapeurs seront les premiers employés à ces travaux; s'ils ne suffisoient pas, chaque corps d'infanterie y enverroit, d'après

jours aux quartier-maîtres, contre des reçus motivés, les billets de logement pour leurs corps, s'ils doivent tenir garnison, ou le nom des villages qui leur sont délégués, s'ils doivent cantonner.

Le général arrivé, il lui remettra son rapport écrit, contenant l'emplacement des troupes, le tableau des logements, et l'état des subsistances.

les ordres du chef de l'Etat-major, les hommes de corvées nécessaires. Quant aux outils, les hommes de corvées prendront d'abord ceux existants dans leurs corps ; et s'ils ne suffisoient pas, il leur en feroit fournir par le commandant du parc, sur le reçu des chefs de corps, chacun pour leur détachement, et en donnant avis de cette mesure au chef de l'Etat-major : ces outils seront toujours rendus ou payés par le corps ou détachement auxquels ils auront été confiés.

Le chef de l'Etat-major déterminera ou approuvera du moins, l'emplacement des gardes, le déblai des équipages, la destination des anciennes gardes, et le rendez-vous des nouvelles.

Il indiquera de même le terrein où devront camper les vivandiers, marchands, artisans, etc. Ce terrein sera choisi de préférence sur le chemin du quartier-général ; et chaque profession y aura son quartier particulier. (*Voyez le réglement pour le service de l'infanterie en campagne*).

Ces premières dispositions faites, le chef de l'Etat-major donnera ses ordres pour que l'officier de génie fasse reconnoître et préparer, ou réparer les routes pour le mouvement du lendemain.

Indépendamment de toutes ces dispositions, le chef d'État-major doit encore s'arranger de manière à ce qu'au moment où la colonne arrive, l'ordre du jour et le mot soient prêts à être remis aux généraux, à chaque corps, etc. tant pour diminuer le service des ordonnances et la correspondance, que pour éviter tout retard et toute infidélité.

CHAPITRE TROISIÈME.

Des devoirs d'un chef d'État-major dans une affaire.

On entend par affaire, toute action contre l'ennemi. Or, trois choses concernent directement et particulièrement le chef de l'État-major dans cette circonstance; et ces trois choses sont : 1°. Les vivres et fourrages ; 2°. les munitions ; et 3°. les soins dus aux blessés.

1°. C'est lui qui, avec le commissaire des guerres, doit assurer l'arrivée des subsistances, de manière qu'avant ou immédiatement après l'affaire, le soldat reçoive tout ce qui lui est dû ; et que même, autant qu'il sera possible, il puisse manger avant de se battre.

2°. Il doit connoître la position du parc, et les quantités de munitions existantes, afin d'en faire porter aux troupes dans une proportion convenable, et à mesure que les premières s'épuisent.

3°. Enfin, il faut qu'il s'assure des ressources suffisantes en chariots, afin que le transport des blessés n'éprouve que les retards rigoureusement inévitables. Il faut que, relativement au service de l'ambulance, il veille à ce qu'il s'y trouve assez de chirurgiens, et d'appareils, pour un premier pansement, et qu'il y ait toujours le nombre d'hommes nécessaires pour le transport des blessés et l'enterrement des morts.

Quant aux munitions de guerre, il doit, au moment d'une affaire, en former deux parcs, l'un de réserve, et l'autre composé seulement de quelques caissons qui suivront à une petite distance, les troupes qui ont à faire un plus grand feu.

Si les caissons risquent d'être brûlés ou pris, il fera charger sur des charrettes, chevaux, mulets, etc. les munitions qu'il voudra tenir le plus à la portée des troupes qui peuvent éprouver des besoins à cet égard.

Le but principal de cette mesure, est d'éviter que, sous le prétexte de chercher des cartouches, les soldats ne quittent le feu.

E 5

Pour l'enlèvement des blessés pendant une affaire, le chef de l'État-major aura particulièrement soin de faire rassembler le nombre d'habitants du pays qui pourra être jugé nécessaire pour cet objet.

Au moyen de l'ordre du jour, il fera connoître cette mesure aux troupes. Il leur fera sentir l'inconvénient qu'il y auroit de permettre que des militaires quittassent leur poste au milieu d'une action, pour conduire les blessés; il leur rappellera que cela affoiblit doublement le corps qui combat, et par-là même, expose toujours les braves qui ne songent qu'aux devoirs que leur prescrit l'honneur; il leur fera sentir que cela ne sert qu'à fournir des prétextes spécieux à ceux qui ne cherchent que l'occasion de s'éloigner du danger.

L'ordre le plus sévère à cet égard résultera de ces considérations.

On rappellera de même aux troupes combien le silence facilite les succès, en intimidant l'ennemi, et en laissant aux chefs les moyens de bien commander, et d'être bien entendus et obéis.

Les troupes sauront toujours où est le général-commandant; où sont les munitions et l'ambulance.

Si comme cela arrive quelquefois, les circonstances permettent de préparer les troupes
au combat, on aura soin de le faire.

A cet effet, à l'approche d'une grande affaire, pendant que le général tâchera de faire
reposer les troupes pour ranimer leur ardeur,
et redonner un nouveau ton à cette machine
qui, d'elle-même, se relâche toujours si rapidement ; pendant que, pour parvenir à ce but,
il accordera tant aux corps qu'aux individus,
ce qu'ils pourroient avoir de juste à réclamer;
leur rappellera leur gloire acquise; multipliera
les avancements autant qu'il sera possible, et
fera faire quelques punitions exemplaires; le
chef d'Etat-major, par le même motif, veillera
de son côté à ce que la plus grande régularité
règne dans les distributions de tout genre.

Une mesure encore fort sage est de ne permettre aux soldats de conserver d'effets que
ceux que la loi leur prescrit d'avoir. Cette
règle aura le double avantage de diminuer
leurs fatigues, en allégeant le poids dont ils
sont chargés, et d'empêcher le pillage d'objets qu'ils seroient sûrs de ne pas conserver.

Dans quelques cas particuliers, on pourra
encore instruire les troupes si elles doivent
attaquer ou être attaquées ; quelles troupes
elles auront à combattre, et comment elles

A 4

doivent les combattre ; et enfin on pourra
faire d'avance connoître aux chefs, les mouvements principaux que les corps ou brigades
auront à faire dans les hypothèses les plus
intéressantes.

Mais ces instructions générales, qui pourroient faire partie de l'ordre du jour, seroient
toujours rédigées de manière à inspirer le
courage et la confiance, et néanmoins à pré
munir le soldat contre cette sécurité présomp-
tueuse, qui, à la guerre, est souvent aussi funeste que le découragement qu'elle précède
ordinairement.

Pendant l'affaire, le chef d'Etat-major doit
toujours suivre le général-commandant, afin
d'être employé par lui, soit à conduire des
colonnes, soit à porter les ordres les plus
importants, ou enfin à remplir les différentes
missions que le général pourroit lui donner,
tels que de mener un corps de troupes à la
charge, d'en rallier un autre, de tourner l'ennemi, et même au besoin, de faire construire
un retranchement, une batterie, de raser un
bâtiment, brûler un taillis, jeter un pont,
combler un fossé, faire percer ou désobstruer
une route, etc.

L'affaire terminée, le premier soin du chef
de l'Etat-major, est de reconnoître le terrein,

de placer les troupes, et le quartier-général,
d'après les ordres qu'il reçoit, et d'établir ou
d'ordonner les principaux postes : ensuite il
doit régler la distribution des vivres, rassembler les prisonniers de guerre, les faire partir;
rédiger, et expédier, suivant les circonstances, l'ordre du jour, les ordres de mouvements, ou autres, que le général pourroit
avoir à donner, ainsi que son rapport historique, et se faire remettre les rapports, et
situations de chacun des corps ou détachements qui composent la division.

TROISIÈME PARTIE.

Nouveaux développements des objets de service les plus essentiels.

DANS la partie précédente, nous avons sommairement indiqué les objets de service des États-majors-divisionnaires. Ce seroit s'engager dans un labyrinthe effrayant, que de suivre dans tous leurs détails, les événements qui peuvent varier ce service, nécessiter à chaque instant des dispositions particulières, et former autant d'exceptions aux règles générales.

Il est aisé de concevoir que de semblables détails tiennent encore plus à l'habitude des affaires, qu'aux principes; qu'ils exigent surtout un homme fait à l'exercice de ces fonctions; et que l'écrivain sage, qui craint de se perdre dans le dédale des suppositions, doit s'arrêter lorsque la théorie ne peut plus suppléer à la pratique.

Je me bornerai donc, pour ne pas laisser de trop grands vides dans cet ouvrage, à présenter quelques observations sur les parties de ce service les plus importantes, soit hors du bureau, soit dans le bureau.

CHAPITRE PREMIER.

Des principales parties du service hors du bureau.

Les parties de service dont il s'agit dans ce chapitre, sont :

1°. Le placement des troupes.

2°. Les subsistances et distributions.

3°. La haute police.

4°. Les tournées, découvertes et reconnoissances.

5°. Les rapports.

6°. La conduite des colonnes.

Article Ier. *Du placement des troupes.*

Le placement des troupes est, selon moi, une des opérations militaires les plus importantes. Il est extrêmement difficile de bien juger au premier coup-d'œil de tout ce qui contribue à la bonté d'une position, et de choisir sûrement, entre les différents aspects qu'offre toujours un même terrein, la position qui réunit réellement le plus d'avantages.

Pour ne pas se tromper sur ce point important, il faut les connoissances que donne la

théorie, et le coup-d'œil exercé que donne
la pratique (26). Les officiers d'Etat-major,
qui par état peuvent être chargés de placer
des troupes, ne doivent donc rien négliger
pour se mettre en état de remplir ce devoir.

L'art des positions consiste dans le talent,

1º. De choisir un terrein, dont l'étendue soit
proportionnée au nombre des troupes qui
doivent l'occuper.

2º. D'assigner à chaque arme l'emplacement
qui lui convient le mieux (27).

_____

(26) Dans nos armées où le soldat pense et juge,
rien n'est plus délicat souvent que le choix d'une position. Les fautes en ce genre sont toutes apperçues,
et rarement pardonnées, par des hommes qui savent
qu'elles les privent des objets les plus nécessaires, en
même tems qu'elles les exposent aux plus grands
malheurs.

(27) Les développements de ces règles générales
n'appartenant point à mon sujet, je dirai seulement
que c'est à l'oubli de celle que je viens d'énoncer,
qu'il faut attribuer la ruine souvent si rapide de notre
cavalerie en campagne, et sur-tout celle des corps de
cavalerie isolés dans les divisions.

On a trop long-tems été dans l'usage de faire bivouaquer ces corps, lors même qu'il étoit facile de

3º. De se ménager une retraite sûre, des débouchés commodes, et un accès difficile.

---

les faire cantonner. Quelques personnes s'étoient imaginé que ce bivouac étoit une mesure de sûreté, comme si la cavalerie pouvoit agir de nuit: d'autres séduits par le principe si louable de l'égalité, craignoient que le cantonnement de la cavalerie ne fût une faveur; d'autres enfin, regardoient la funeste méthode de ces bivouacs comme faisant partie de notre nouvelle tactique.

L'abus que j'indique ici, n'a pu manquer de détruire rapidement notre cavalerie, attendu que 1º. au bivouac, les chevaux sont toujours mal nourris; l'humidité seule suffit pour changer leur fourrage en litière; leur avoine se perd ou se charge de terre; et il résulte de ces inconvénients que les chevaux, ne pouvant réparer de grandes fatigues par une nourriture suffisante et réglée, s'efflanquent, s'affoiblissent, et se préparent à toutes les maladies. 2º. Au bivouac, tout ce qui tient à l'enharnachement se détériore très-vîte; outre cela, les chevaux en se roulant brisent leurs arçons; et de-là viennent les accidents du garot et du rognon. 3º. Au bivouac, les ustensiles nécessaires au pansement se perdent dès les premiers jours; les chevaux sont mal pansés, dès-lors le poil se lève, la crasse pénètre, s'attache sur la peau; et de-là la gâle et le farcin. 4º. Les chevaux y arrivent la plupart du tems en nage, y restent à l'air et à l'humidité, se refroidissent, et y gagnent la pousse, la morve, etc. 5º. Enfin, comme il ne reste en général que peu d'officiers au bivouac, il arrive que les soldats

4°. D'assurer les ailes de manière que l'armée ne puisse être tournée.

5°. De couvrir les points que l'ennemi menace, et de menacer ceux qu'il lui importe de couvrir.

6°. De mettre, suivant leurs besoins, les troupes à portée de l'eau, du fourrage, de la paille, et du bois; objets qu'elles ne doi-

---

y sont mal surveillés; que sous le prétexte de chercher des fourrages, ils font des courses nocturnes qui abyment leurs chevaux, ou bien qu'ils s'en éloignent, et les laissent au bivouac, où ces chevaux abandonnés se battent, se prennent dans leurs longes, se détachent, et qu'enfin, par le concours de tous ces désordres, les maux énoncés ci-dessus font inévitablement les progrès les plus rapides.

Tout officier, chargé du placement des troupes, doit donc (excepté les cas toujours si rares où cela est impossible) cantonner sa cavalerie, sans quoi il ne peut guère espérer de la conserver.

Mais en insistant ainsi sur l'importante nécessité de faire bivouaquer la cavalerie le moins qu'il est possible; je n'ai ni oublié, ni voulu faire oublier les raisons majeures qui doivent faire bivouaquer l'infanterie pendant les opérations de la campagne, lorsqu'elle ne peut être cantonnée; car, non-seulement, ce parti diminue prodigieusement les bagages de l'armée, et rend par-là tous ses mouvements plus faciles et plus prompts; mais encore il a l'inappréciable avantage de préserver des surprises toujours si funestes.

vent jamais attendre : le moindre retard dans les distributions étant pris sur le tems toujours si court, de leur repos.

Les détails relatifs à ces diverses précautions se trouvent pour la plupart, dans nos auteurs modernes les plus estimés.

Article II. *Des subsistances et distributions.*

Les subsistances des troupes doivent toujours être un des premiers objets de la sollicitude d'un chef d'Etat-major. Comme son travail doit se faire à cet égard avec le commissaire des guerres, c'est, autant que cela sera possible, avec lui qu'il précédera la colonne dans ses marches. Une mesure utile, et qu'il ne doit pas manquer d'employer, lorsque les moyens de transport le lui permettent, c'est, indépendamment de la précaution d'avoir toujours le pain distribué au moins pour un jour d'avance, de faire suivre la colonne par un convoi de pain, et de le renouveler à chaque distribution, afin d'en avoir toujours de frais en cas de besoin. De cette manière, on se trouve en état d'attendre un convoi retardé; on n'est pas exposé à être arrêté faute de vivres, et l'on peut doubler une marche sans exciter de murmures, en faisant à-propos donner une ration extraordinaire aux soldats.

Il en est de même de la viande; il doit toujours y avoir un troupeau de bœufs à la suite de la colonne, et, autant que cela se pourra, quelques chariots d'eau-de-vie (28).

C'est toujours sous l'inspection, et d'après

---

(28) Les subsistances sont du ressort du commissaire des guerres : cependant comme il peut souvent importer au chef d'un Etat-major, de connoître quelles sont les ressources qu'un pays peut offrir en vivres, fourrages, moyens de transport, ou mains-d'œuvres, nous dirons ici pour ne rien omettre, qu'il seroit à désirer que les adjoints prissent dans leurs différentes courses, les notes suivantes. 1°. Les noms des villes, bourgs, villages, et fermes qu'ils traverseroient ou à portée desquels ils passeroient ; et 2°. leur force en habitations et population. Si c'est un pays de culture et de quelle culture.... ce qui existe en grains, en avoine, etc. Si c'est un pays de fourrage, et de quel fourrage.... ce qui existe en fourrage. Si c'est un pays de chevaux, de bœufs, moutons, etc. ce qui existe en bétail et moyens de transport. Quel est le genre d'industrie du pays : si le pays en général est riche ou pauvre. Ils jugeroient, d'après la connoissance exacte qu'ils acquerroient du pays et des habitants ; par les observations que le zèle, l'intelligence, et les localités leur feroient faire ; ce qu'il seroit possible de tirer du pays en déterminant les termes des livraisons.

l'ordre

l'ordre du chef de l'Etat-major, que toutes les distributions doivent se faire. S'il ne peut pas lui-même y être présent, il exerce son inspection par un officier d'Etat-major, qu'il charge d'y assister de sa part, de veiller à ce que tout s'y fasse en ordre, et de recevoir les plaintes de tous ceux qui auroient à en faire.

L'officier d'Etat-major aura soin sur-tout d'empêcher qu'on ne distribue la viande que quand elle sera froide, afin que les pesées soient justes.

L'ordre relatif à cette partie du service, fixera les lieux, les heures, et les jours des distributions ; les objets, quantités, et qualités. Il prescrira le renouvellement de la paille, quand il devra avoir lieu : les distributions de légumes y seront de même portées, ainsi que les autres articles de distributions extraordinaires. Lorsque la paille devra être prise hors des magasins, un officier d'Etat-major marchera avec les hommes de corvées.

Le fourrage cause souvent de grands embarras, à cause de la pénurie qui résulte du gaspillage que l'on en fait trop souvent. Afin d'empêcher que dans les distributions, les premiers venus n'enlèvent tout, le chef de l'Etat-major se fera remettre chaque soir l'état du fourrage, de l'avoine ou grenaille existants en

F

magasin pour la distribution du lendemain ;
et il déterminera lui-même le poids et la
mesure de chaque ration, en faisant généraliser
les bons autant que cela sera possible.

Si la division séjourne, il pourra régler de
la manière suivante la distribution de l'avoine
et autres grains ; savoir, de l'avoine pour le
primidi, des féves pour le duodi, de l'orge
et de l'avoine pour le tridi, du son par
ration double pour le quartidi, etc., etc., le
tout suivant le plus ou moins de pénurie.

Dans les fourrages, il déterminera par corps
le nombre des trousses et leur poids.

Article III. *De la haute police.*

On appelle *haute police*, la surveillance
qu'un chef d'Etat-major doit exercer dans la
division à laquelle il est attaché, pour y assurer la ponctuelle exécution des lois, des
ordres, et des réglements militaires.

Outre cette surveillance, la haute police
renferme encore pour lui, le droit de faire
quelques nominations, et de prononcer dans
plusieurs cas que la loi déclare de sa compétence.

L'auteur de la partie militaire dans l'Encyclopédie par ordre de matières, dit au mot

Police, que « ce qui, jusqu'à présent a borné à très-peu d'objets la police des armées, c'est qu'on l'a confondue avec la discipline. Selon lui, la police des armées doit embrasser la sûreté des individus au dedans et au dehors.

Cette sûreté embrasse au dedans :

1°. La sûreté de l'armée, qui doit faire empêcher les assemblées suspectes, étouffer dans leurs principes les propos séditieux, et ces raisonnements trop fréquents dans les armées, qui tendent à avilir les ordres des chefs.

2°. La sûreté des camps, qu'on assurera en veillant à ce que les soldats ne s'attroupent point, ne jouent point ; à ce que la nuit tout soit tranquille dans les tentes ; à ce qu'il n'y ait ni feu ni lumière ; à ce qu'il n'y ait, après les heures fixées, ni danses, ni jeux d'exercice, ni boisson, ni femmes, et à ce que les gardes, les patrouilles, et les officiers de police, de rondes, etc. remplissent leurs devoirs.

3°. La sûreté du soldat, à laquelle on contribuera, en lui procurant un air pur, de la bonne eau, des nourritures saines, et un régime régulier.

4°. La sûreté pour les vivandiers, marchands, et ouvriers, moyennant laquelle l'abondance manquera rarement dans une armée.

Et 5º. la taxe des comestibles, taxe qui comprendroit le prix de ces derniers, et la quantité de celles que chaque commune auroit à fournir ; la surveillance du service de la poste aux lettres, les mesures propres à empêcher les soldats de se répandre dans la campagne pour chercher des vivres, et la précaution d'avoir à la suite de l'armée un libraire qui pût fournir de bons livres aux militaires.

Quant au dehors, la sûreté embrasse :

1º. Les marches qu'il faut préparer, en faisant marquer et réparer les chemins, en faisant couper les bleds ou autres denrées, et en veillant à ce que chacun reste à la place qui lui est assignée.

2º. Les camps, dont on fera de même nettoyer et débarrasser toute l'étendue.

3º. Les fourrages, pour lesquels on désiguera toujours le terrain et les quantités quand on sera réduit au fourrage vert ; et qu'on fera fournir par les propriétaires eux-mêmes, quand on pourra en avoir du sec.

4º. Les détachements, dont on mettra la conduite sous la responsabilité de leurs chefs.

Et 5º. les habitants, auxquels on accordera par justice autant que par politique, une

protection marquée contre les violences, les
vols, et les dégâts ».

L'auteur de ce morceau regarde la police
d'une armée comme si étendue et si importante, qu'il finit par proposer la création d'un
général et d'un conseil de police, ayant pour
exécuteurs de leurs dispositions, une garde
particulière. Mais, sans nous arrêter à ce
projet, nous dirons que, quelqu'étendues, et
méthodiquement présentées que soient ces
attributions, elles n'embrassent cependant pas
encore la totalité de celles qui composent la
haute police ; de sorte que nous croyons devoir dire ici que la haute police consiste :
1°. Dans un droit d'inspection,

Sur la tenue des troupes, autant que sur
les troupes elles-mêmes.

Sur le service des corps, comme sur celui
des postes.

Sur la propreté, autant que sur la tranquillité des camps et quartiers (29).

Et sur tout ce qui intéresse, et peut intéresser le bon ordre et la santé des soldats.
2°. Dans le droit de nommer le vaguemestre-

(29) C'est le chef d'Etat-major qui, d'après les
réglements militaires, doit, sur la demande des chefs
de corps, faire remplacer dans les camps et quartiers,
les ustensiles de propreté, à mesure qu'ils s'useront.

divisionnaire, et de régler particulièrement
tout ce qui tient aux bagages; c'ést-à-dire,
de décider comment ils doivent être trans-
portés, où ils doivent marcher, parquer, etc.

3°. Dans le soin d'avoir l'état des voitures, chariots, et chevaux existants dans la division,
afin de voir si ce nombre est conforme à ce
qui est prescrit.

4°. Dans la réception de toutes les demandes
relatives à des besoins de moyens de transports, soit qu'elles soient faites par les
corps, soit qu'elles le soient par les officiers
qui, par des accidents ou des malheurs,
se trouveroient hors d'état de transporter
leurs équipages. (30).

5°. Nous ajouterons que, quant aux voitures
non permises, et que quelqu'individu que

---

(30) Les militaires qui, par blessures ou maladies,
auroient pour eux - mêmes besoin de moyens de
transports, doivent de même recourir au chef de
l'Etat-major, qui pourra statuer favorablement sur
leurs demandes; mais toujours à la charge, par les uns
et les autres, de se conformer aux dispositions des
articles 7 et 8 du titre XXII, du réglement de 92
(vieux style).

Pour pouvoir subvenir à tous les besoins de cette
nature, le chef d'Etat-major veillera à ce que, par
les soins du commissaire des guerres, il existe toujours un parc de voitures à la suite de la division.

ce soit, conserveroit à l'armée en contravention des réglements, elles seront toutes arrêtées et conduites au chef de l'Etat-major, qui, après avoir reconnu la contravention, et comme chargé de la haute police, les fera vendre au profit des détachements ou gardes qui les auront arrêtées.

6°. Que la nomination des vivandiers du quartier-général, appartient seule au chef de l'Etat-major ; que c'est lui qui doit donner à tous ceux de la division, leur numéro, en même-tems qu'il doit viser les patentes qu'ils auront reçues des conseils d'administration de leurs corps ; que c'est lui qui doit faire punir tous ceux qui vendroient dans un camp sans être vivandiers, ou les vivandiers qui seroient trouvés sans leur numéro, de même que ceux qui vendroient des vivres de mauvaise qualité, ou qui vendroient trop cher ; et qu'enfin c'est lui qui doit ordonner tout ce qui tient à leur police.

7°. Que c'est à lui qu'on conduira tous les vivandiers arrêtés pour quelqu'autre délit que ce soit (31).

_____

(31) Les réglements militaires rendent cette der-

8°. Que c'est lui qui réglera le nombre des chevaux de bâts que pourront avoir les vivandiers qui n'auront point de voitures.

9°. Que c'est au chef de l'État-major que doivent être conduits tous les gens suspects, arrêtés par les troupes de la division ; le droit de prononcer s'il y a lieu à procédure contr'eux, ou non, étant de son ressort, d'après le réglement militaire.

10°. Que c'est à lui que doivent être remises toutes les plaintes, dénonciations, etc. contre des militaires ou employés à la suite de l'armée, pour être par lui transmises au premier conseil de guerre de la division.

11°. Que c'est au chef de l'État-major, que les fourrages clandestins, ou les désordres commis dans les fourrages, doivent particulièrement être dénoncés ; et par lui qu'ils doivent être punis, quand ils ne sont pas de nature à provoquer un conseil de guerre.

12°. Que c'est au chef de l'État-major que les chefs de corps doivent, dans les vingt-

_____

nière mesure commune aux domestiques de toutes les personnes qui composent le quartier-général et l'État-major.

quatre heures du fait, donner avis des hommes désertés, ou qui auroient voulu déserter.

13°. Que c'est le chef de l'Etat-major qui, après avoir fait traduire les prévenus aux tribu- naux militaires, prend les mesures pour faire mettre les jugements à exécution, lorsque ces mesures ne sont pas du ressort du commandant de la place.

14°. Que c'est le chef de l'Etat-major qui est le juge de la validité des prises faites par les partis; ce qui fait qu'elles ne peuvent jamais être vendues avant de lui avoir été soumises.

15°. Qu'à leur rentrée dans le camp, les par- tisans doivent de même lui présenter les prisonniers qu'ils ont pu faire, afin qu'il les questionne.

16ᵉ. Que c'est le chef de l'Etat-major qui pro- noncera sur les difficultés qui pourroient s'é- lever aux distributions, et qui n'auroient pu être levées par le commissaire des guer- res : le chef de l'Etat-major étant l'avocat naturel des troupes contre les adminis- trations.

17°. Que c'est encore au chef de l'Etat-major que tous les déserteurs de l'ennemi doivent être conduits à leur arrivée.

18°. Enfin, que relativement au service, c'est
le chef d'Etat-major qui devra signer les
ordres d'après lesquels seuls une garde
pourra se laisser relever par une autre
troupe que celle qui aura été annoncée à
l'ordre.

Article IV. *Des tournées, découvertes et reconnoissances.*

Des tournées.

On appelle *tournée* l'action qu'un général
fait ou fait faire, lorsqu'il parcourt ou fait parcourir toute la ligne que ses troupes occupent,
ou les places dans lesquelles elles sont réparties, ou encore le pays qu'il commande.

Le but d'une tournée est de connoître ce
qui concerne la position militaire des troupes,
leur service, et leur police ; les établissements
militaires, tels que les casernes, quartiers,
hôpitaux, et prisons ; et enfin, les ressources
et la situation d'un pays.

Les tournées se font donc toujours dans
l'intérieur de la ligne des troupes, et c'est en
quoi elles diffèrent des découvertes et des reconnoissances.

Des découvertes et reconnoissances.

Les découvertes sont des mouvements que les troupes d'avant-garde font par petits détachements tous les matins, et quelquefois soir et matin, pour s'assurer de la position de l'ennemi, et des changements qu'il peut y faire ou y avoir faits.

Les reconnoissances sont des découvertes extraordinaires que souvent les officiers-généraux font eux-mêmes, ou qu'ils font faire par des officiers d'Etat-major, ou autres choisis à cet effet. Les reconnoissances ont toujours un but particulier : on ne prescrit aux découvertes que les routes qu'elles doivent suivre, et l'on ne demande aux officiers qui les ont conduites, qu'un rapport succinct; tandis que le commandant d'une reconnoissance, lorsque c'est un officier particulier, a toujours des instructions écrites à suivre, une tâche quelconque à remplir, et un compte écrit et détaillé à rendre. Or, ces instructions font encore partie du travail du chef de l'Etat-major; et pour être réellement utiles, elles doivent contenir, outre les motifs de la reconnoissance, des détails sur le terrain qu'il doit faire parcourir, sur les risques auxquels elle peut exposer, et sur les précautions ou autres mesures de sûreté que doit prendre celui qui la commande, suivant les différentes positions dans lesquelles il peut se trouver.

Le succès d'une campagne, et quelque- fois d'une guerre, dépend de la manière plus ou moins exacte dont on a fait les re- connoissances, dit l'auteur de l'article *Recon- noissance* dans l'Encyclopédie : mais sans nous arrêter à cet axiôme, que Feuquières prouve par de nombreux exemples, exami- nons quels sont à la guerre les motifs des recon- noissances, et nous trouverons que les objets ou buts d'une reconnoissance sont relatifs aux desseins que l'on a, ou à ceux de l'ennemi, et consistent par conséquent :

1°. A reconnoître une position ou une place, etc. que l'on voudroit occuper, ou que l'ennemi occupe ; les routes ou chemins qui peuvent y aboutir, les bois, rivières, ou ma- rais qui l'avoisinent.

2°. A préparer les mouvements que l'on a dessein de faire, ou à observer et suivre ceux de l'ennemi.

3°. A examiner particulièrement un poste, camp, ou cantonnement, que l'on voudroit occuper, attaquer, forcer, ou surprendre.

L'on fait aussi quelquefois de fausses recon- noissances, mais alors ce n'est que pour tromper l'ennemi sur les mouvements que l'on veut faire ; et ces sortes de reconnoissances appartiennent plus particulièrement aux ruses de la guerre, qu'à l'article que nous traitons.

Article V. *Des rapports.*

Les rapports sont des relations exactes que les officiers qui ont été chargés d'assister à une affaire, ou bien de faire une tournée ou une reconnoissance, doivent remettre par écrit aux généraux dont ils ont reçu et exécuté les ordres.

Les rapports se divisent donc en rapports de tournées, de reconnoissances, et d'affaires.

Des rapports de tournées.

Suivant la position et les circonstances, le rapport d'une tournée peut et doit contenir par division :

1°. Le nom de la division, et celui de son quartier-général.

2°. Ses points d'appui de droite et de gauche.

3°. Les villages ou points principaux auxquels la ligne est appuyée.

4°. Les limites des brigades et les noms de leurs quartiers-généraux.

5°. Les camps, cantonnements, et garnisons que la division fournit.

6°. Le lieu du rassemblement général.

7°. Les postes des différents camps et cantonnements, en désignant leur arme.

8°. Leurs moyens de retraite, d'attaque, et de défense.

9°. L'état des troupes de la division.

10°. Le résumé de la force.

11°. L'emplacement du parc d'artillerie et des équipages.

12°. Le lieu des distributions de vivres et de fourrages.

Les autres observations à faire dans une tournée, et à indiquer dans le rapport, sont :

1°. La force, la position, et le service de la division, des brigades, des camps, cantonnements, garnisons, ou postes.

2°. Les ponts à couper ou à faire; les chemins à ouvrir ou à arranger pour l'une ou l'autre arme; les digues à réparer, hausser, ou renforcer; les canaux à combler ou à désobstruer; les abattis à faire ou à enlever; les inondations à former, augmenter, diminuer, ou arrêter; et généralement tous les moyens de communication à établir ou à détruire, pour assurer, faciliter, ou couvrir les différents mouvements qui peuvent devenir nécessaires ou utiles, tels que les retranchements à élever, à changer, ou à détruire, etc.

3°. La manière dont le service se fait en général.

4°. La conduite des troupes, et ce qui tient à leur police.

5°. Des mutations d'armes ou de forces à opérer (32).

Des rapports de reconnoissance.

Le rapport d'une reconnoissance doit faire mention :

1°. De l'ordre en vertu duquel on l'a faite.

2°. Des troupes avec lesquelles on l'a faite.

3°. Du lieu d'où l'on est parti.

4°. Du terrain que l'on a parcouru.

5°. De ce que l'on a fait ou vu, relativement à l'objet particulier de la reconnoissance, soit qu'elle ait pour but la position de l'ennemi, ou les détails topographiques du pays.

6°. Des autres remarques intéressantes que l'on a faites.

---

(32) L'officier chargé de faire une tournée sera porteur des ordres nécessaires, pour se faire donner tous ces renseignements.

7°. Enfin, le rapport doit, heure par heure, faire mention du tems que la reconnoissance a duré.

Des rapports d'affaires.

Dans le rapport d'une affaire, un général doit trouver :

1°. Le nom de la division, de la brigade, ou enfin des corps de troupes qui ont combattu, avec les noms des principaux chefs ou commandants.

2°. Leur position avant l'attaque.

3°. Leur ordre de bataille.

4°. L'heure de l'attaque.

5°. Les points sur lesquels elle s'est faite.

6°. Les troupes qui l'ont commencée.

7°. Les fausses attaques qui ont favorisé la principale.

8°. L'heure précise des époques marquantes de l'affaire.

9°. L'heure à laquelle le feu a cessé sur les différents points, et le terrain que l'armée a parcouru.

10°. La position qu'elle a prise ; son fort et son foible.

11°. Les chemins qui y aboutissent ; les armes auxquelles ils peuvent servir ; les réparations

tions à y faire; les chemins qu'on pourroit
y ouvrir suivant les localités, soit pour une
attaque, soit pour une retraite, soit pour
faciliter des communications; et ceux qu'il
seroit prudent de couper, etc. etc. etc.

12°. La position qu'a prise l'ennemi.

13°. Les principaux points d'attaque qu'elle
présente, si elle est susceptible d'être tournée; quels sont les points qu'elle menace;
s'il faut beaucoup ou peu de troupes pour
y observer ou y contenir l'ennemi.

14°. Les avantages que l'on a négligés pendant l'affaire.

15°. Les fautes qu'on a faites, les risques qu'on
a courus, et que l'on auroit pu éviter.

16°. Les belles actions auxquelles l'affaire a
donné lieu.

17°. Le résultat de l'affaire.

Pertes faites		Par l'ennemi.	Par l'armée.
En hommes	Tués.		
	Blessés. . . .		
	Pris		
En armes	Prises		
En canons et En caissons	Pris		
	Démontés . .		
En chevaux	Tués.		
	Pris		
En bagages	Argent pris. .		
	Effets pris. .		
	Chariots pris.		

Le but que doit se proposer tout officier, chargé de faire un rapport semblable, doit être de le rendre à la fois, précis, clair, fidèle, et complet.

Article VI. *De la conduite des colonnes.*

On entend ici par *colonne*, tout corps ou détachement considérable qui exécute une marche. Or la conduite de ces colonnes, (dans lesquelles celles d'attaques ne sont point comprises) ne fait partie que du service des adjoints de l'Etat-major, par la double raison, que ce ne sont pas ordinairement des opérations très-importantes, et que parfois elles peuvent, pour quelques jours du moins, éloigner celui qui en est chargé, du quartier-général de la division, qu'un chef d'Etat-major ne peut jamais quitter (33).

---

(33) Il faut observer ici que tout ce que nous avons à dire dans cet article ne concerne nullement une colonne de troupes marchant sous les ordres immédiats d'un officier-général.

Dans ce dernier cas, l'officier d'Etat-major, qui peut être chargé d'en suivre le mouvement, n'a plus à se mêler de sa conduite qu'en ce qui concerne l'exécution des ordres qu'il reçoit : mais alors il est assez souvent chargé de mettre cette colonne en mouvement.

Cependant, comme la conduite des colonnes fait essentiellement partie du service des Etats-majors, ce seroit laisser dans cet ouvrage une lacune blâmable, que de n'en point parler.

Nous dirons en conséquence que plusieurs motifs peuvent concourir à faire conduire des colonnes par des officiers d'Etat-major. Ceux qui se présentent le plus naturellement, et qui ne font pas partie des considérations secrettes dans l'examen desquelles nous n'entrerons pas, sont.... d'accélérer un mouvement.... de s'assurer qu'il sera bien exécuté.... d'avoir

---

Or, ses devoirs consistent à cet égard, à se rendre à l'heure indiquée sur le terrain où la colonne doit être rassemblée, et à parcourir la ligne qu'elle occupe, afin de s'assurer que les corps et les détachements, l'artillerie, et les bagages qui la composent, sont placés dans l'ordre prescrit; et dans le cas contraire, de faire rectifier leur placement.

Au moment où par lui même il aura acquis la certitude que l'ordre de marche a été ponctuellement suivi, il transmettra aux commandants de l'avant-garde, du corps de bataille, et de l'arrière-garde, l'ordre de marcher en observant cependant de calculer les intervalles de ces départs successifs, de manière à faire conserver les distances ordonnées.

Après avoir vu défiler ainsi toute la colonne, il marchera avec elle, ou bien ira faire son rapport au général, suivant les ordres qu'il en aura reçus.

G 2

sur ce mouvement, ou sur la manière dont il
se fera, quelques renseignements particuliers..... de faire surveiller plus spécialement
un corps ou détachement dont l'indiscipline
donneroit quelques inquiétudes, et seroit jugée
capable de compromettre le service, etc.

Ces motifs sont toujours plus puissants à
mesure que le mouvement doit ou peut être
plus long ou plus difficile.

Quant aux devoirs des officiers qui sont
chargés de ces sortes d'opérations, il ne faut,
pour les connoître, que bien observer quelle
est en pareil cas, la division naturelle des pou-
voirs entre les commandants des colonnes, et
les officiers d'Etat-major qui les conduisent,
et quelle doit être la sorte d'autorité des uns
et des autres (34).

---

(34) Pendant la deuxième année de la guerre de la
révolution, où la responsabilité étoit effrayante, on
a vu des commandants de colonne qui disoient aux
officiers d'Etat-major chargés de les conduire. « Vous
» représentez le général en parlant comme en écri-
» vant ; vous connoissez ses intentions ; vous avez des
» notions que nous n'avons pas : au nom du général,
» c'est à vous à nous dire ce que nous avons à faire ».
Lorsqu'il a été moins dangereux de commander, plusieurs de ces mêmes officiers ont dit : « Devons-
» nous être soumis aux ordres d'un inférieur ? Que

Cet examen nous convaincra facilement que le service d'un officier d'Etat-major chargé de conduire une colonne, et le service d'un officier chargé de commander les troupes qui la composent, sont très-différents. Tout ce qui tient au commandement des troupes, à leur discipline et police intérieure, aux dispositions en cas d'attaque, appartient au commandant des troupes ; tandis que l'adjoint peut avoir des instructions particulières, et des ordres secrets, comme, par exemple, celui de ne dire que jour par jour, le lieu où la colonne doit se porter, ou aussi les heures auxquelles elle doit marcher, etc. Il peut même arriver telle hypothèse, où l'adjoint seul sauroit, dans le cas où l'ennemi paroîtroit, si l'on doit chercher à combattre ou non ; dans le premier cas, jusqu'où l'on peut poursuivre l'ennemi ; et dans le second cas, comment on doit éviter le combat ; où l'on doit se retirer, etc.

» l'officier d'Etat-major soit ici l'œil du général ;
» mais pour nous ce n'est qu'un porteur d'ordres ».

C'est ainsi que la discussion d'opinions, entièrement opposées, et successivement amenées par les circonstances et les événements, finit par découvrir les véritables principes de l'ordre.

Mais indépendamment de cette supposition, l'adjoint qui a reçu l'ordre de conduire une colonne, est toujours et particulièrement chargé de tout ce qui a rapport au logement, aux subsistances, et aux autres demandes ou réquisitions que les besoins de la colonne nécessiteroient pendant le mouvement.

C'est d'après cela, qu'il a droit de se faire remettre l'état de la situation active des troupes qui composent la colonne.

C'est d'après cela qu'il doit, au moyen d'un ordre du jour, prévenir les troupes de l'heure et des lieux des distributions, de la désignation de l'emplacement qu'elles doivent occuper, ou du logement qui aura été préparé pour elles, du lieu du rassemblement, et de l'heure du départ de la colonne, et enfin de tous les autres objets de détails qui sont de sa compétence.

Dans les lieux des couchées ou haltes, c'est le commandant des troupes qui doit ordonner les gardes de police et de sûreté; et l'officier d'Etat-major qui doit lui faire la demande de celles nécessaires pour les magasins et lieux de distributions.

C'est enfin l'adjoint qui doit correspondre

avec le chef dont il ex: :ute les ordres, et celui
auquel il conduit les troupes, pour les tenir
prévenus des jours de départ et d'arrivée,
et des autres détails du mouvement, autant
qu'ils peuvent les intéresser.

Pour ne rien omettre, posons encore une
autre hypothèse : supposons que le corps de
troupes dont nous venons de parler, serve
d'escorte à un convoi d'artillerie ; dans cette
supposition, il y aura trois autorités distinctes,
celle du commandant de l'escorte, et celle de
l'officier de l'Etat-major, dont les attributions
viennent d'être indiquées ; et celle du commandant de l'artillerie, qui demeure toujours le
maître des dispositions particulièrement relatives à son arme. De cette manière, c'est ce dernier qui, aux lieux indiqués pour les haltes et
les couchées, choisit et détermine l'emplacement de son parc, règle l'ordre de sa marche,
demande les haltes qu'il juge nécessaires, et
fixe les places des postes qui doivent couvrir
son parc, l'artillerie étant devenue la partie
principale, et tout ce qui tient à cette arme
demandant des connoissances de détails que
ses officiers sont seuls présumés avoir.

C H A P I T R E　D E U X I È M E.

Des principales parties du service dans le bureau.

Nous ne traiterons dans ce chapitre que,
1º. De l'ordre du jour.
2º. Des mots d'ordre et de ralliement.
3º. Des états à dresser et à fournir.
4º. Des ordres de mouvements.
5º. De la partie secrète.
6º. De l'historique de la division.

Article Ier. De l'ordre du jour.

L'ordre du jour est la feuille qui, chaque jour, est adressée aux différentes troupes d'une armée, et par laquelle ces troupes reçoivent les avis, ordres, instructions, et autres objets dont le général en chef, le chef de l'Etat - major - général, le général-commandant la division dont elles font partie, et le chef de l'Etat-major de cette même division, ont à les instruire, et dont ils ne jugent pas à-propos de faire le sujet d'une circulaire ou d'un ordre particulier.

Il y a de cette manière deux espèces d'or-

dres du jour, savoir, les ordres du jour généraux, et les ordres du jour divisionnaires.

Les premiers sont rédigés aux Etats-majors-
généraux, d'où ils partent journellement pour
les divisions, le général de l'artillerie, le commissaire-général, etc.

Les seconds partent de la même manière
des Etats-majors-divisionnaires, pour les généraux et les troupes qui composent les divisions,
et doivent contenir, outre les dispositions particulières qui en sont l'objet, la copie de l'ordre
général de l'armée.

Les uns et les autres doivent être envoyés
par écrit et cachetés.

Chaque article doit y être séparé et numé-
roté.

Nous ajouterons à cet apperçu général que,
quant aux ordres du jour divisionnaires, ils
feront exactement mention de l'heure à laquelle ils auront été expédiés.

Les personnes auxquelles ils seront adressés,
en donneront des reçus, qui ne pourront être
écrits qu'avec de l'encre, et qui porteront également l'heure à laquelle ils auront été remis.

Ces ordres seront expédiés tous les jours
à midi, afin qu'ils puissent toujours être distribués avant la retraite, et lus à l'ordre.

Sur le registre qui leur est particulièrement

consacré, les ordres du jour divisionnaires
doivent être approuvés par le général, qui
signera en conséquence le visa qu'il mettra au
bas de chacun d'eux.

Il arrive souvent des discussions relativement à l'envoi de cette pièce, attendu que tous
les généraux, adjudants-généraux, commissaire des guerres, commandants de places, de
dépôts, etc.; prétendent que l'ordre du jour
leur est dû en entier : le fait est qu'il n'est
dû de cette manière qu'au général commandant la division, aux autres généraux qui commandent des brigades, et aux chefs des corps
qui ne feroient partie d'aucune brigade. Les
officiers de génie, commissaires des guerres,
et commandants de l'artillerie, n'ont droit qu'à
ce qui les concerne personnellement dans cette
pièce, et qu'à ce qui concerne la partie du service dont ils sont chargés. Pour les commandants de places ou dépôts, il suffit de leur faire
parvenir, par des ordres particuliers, tout ce
qu'ils doivent savoir ou exécuter du contenu
des ordres du jour; à moins que, par la dis-
persion des troupes, il n'y ait qu'eux pour
transmettre les ordres du jour aux détachements qui composent leur garnison. Dans ce
dernier cas, non-seulement on leur devroit

les ordres du jour ; mais même on les leur devroit presque toujours en entier.

Une circonstance qui occasionne souvent de la confusion, et cause beaucoup d'embarras à ceux qui ont à exécuter ou à faire exécuter le contenu des ordres du jour, c'est lorsqu'ils en reçoivent plusieurs dans un même jour. La contradiction dans les termes est le moindre des inconvéniens que présente cet abus : un chef d'État - major doit donc s'arranger de manière qu'il n'en parte jamais qu'un seul par jour. Dans des cas extraordinaires, il y ajoutera un supplément, un ordre particulier, ou une circulaire : hors cela, l'ordre du jour parti, tout ce qui paroîtroit devoir y être placé, se mettroit dans une chemise destinée aux matériaux de l'ordre du lendemain.

L'ordre du jour contiendra, suivant les circonstances, et par articles séparés. . . .

1°. Les différentes adresses qu'il importe le plus aux troupes de connoître, et qui sont :

L'adresse du quartier-général.

Celle du bureau de l'État-major.

Celle du commissaire des guerres.

Celle du commandant de la place du quartier-général.

Celle du payeur de la guerre.

Et celle du directeur de la poste aux lettres.

2°. Relativement au service et à la discipline ;

Les noms du général et de l'officier d'Etat-major qui devront être de service le jour et le lendemain. Les noms des officiers supérieurs de ronde, et la liste des cantonnements ou postes principaux qu'ils doivent visiter.

L'ordre à chaque commandant de cantonnement ou de corps, de fournir aux officiers supérieurs de ronde, l'état détaillé de leurs postes et de leur donner des ordonnances pour les guider.

Le nombre des officiers de tous grades, sous-officiers, soldats, tambours et trompettes, qui dans chaque corps doivent être mis à la disposition du commandant de la place du quartier-général, pour le service du lendemain, en désignant le lieu et l'heure du rassemblement de la garde-montante.

Tous les ordres du général-commandant et du chef de l'Etat-major.

Les heures des appels, des inspections, et des gardes.

Pour maintenir toujours plus sûrement la discipline, on profitera de l'ordre du jour, aussi souvent qu'il y aura lieu, pour exciter soit par l'éloge, soit par de justes reproches, une louable et utile émulation entre les corps de la division.

3°. Les détails relatifs aux subsistances et aux distributions, qui comprendront......

Les objets de subsistances et fourrages, qui devront être distribués.

Les qualités et quantités dans lesquelles ils le seront.

Le lieu où ces différentes distributions se feront.

Les jours des prises, et les heures asignées pour chaque corps, et pour les autres parties prenantes.

La manière dont les bons seront faits pour les corps, si c'est par détachements, compagnies, etc.

Par qui et à quelle heure, les bons seront visés chez le commissaire des guerres (35).

4°. Les annonces les plus importantes, telles que....

Les bans et défenses.

La composition des deux conseils de guerre et du conseil de révision, et toutes les mutations qui y ont lieu.

---

(35) Ces six articles seront fournis par le commissaire des guerres ou concertés avec lui.

Les jugements, condamnations, et autres pièces à rendre publiques pour l'exemple.

Les promotions et autres récompenses militaires à publier pour le même motif.

Les différents payements qui devront être faits par le payeur de la guerre, aux militaires des différents grades.

L'ordre du jour préviendra de même les troupes, toutes les fois que, pour des réjouissances, la générale devra être battue, ou le canon tiré.

5°. Les demandes de renseignements d'états, ou autres que font les généraux, le chef de l'Etat-major, le commissaire des guerres, les conseils de guerre ou de révision, le payeur et le directeur de la poste aux lettres.

6°. Tout ce qui est envoyé par le ministre de la guerre, le général en chef, le chef de l'Etat-major-général, le commissaire général.

Enfin tout ce qui ne tient pas à des mesures secrètes ou particulières, devra être rassemblé dans l'ordre du jour : mais toujours de manière à ce qu'il n'y ait, pour abréger un semblable travail, dans l'ordre de chaque corps, que ce qui les concerne.

Terminons cet article par une observation : lorsque, par exemple, toute la division marche réunie, on peut, au lieu de faire des ordres

particuliers pour le placement et le mouvement des troupes, ajouter à l'ordre du jour,
deux articles sous le titre de placement et de
mouvement.

Dans le premier on réglera,

Si le logement sera fait par corps ou détachements, ou bien par compagnies ou es-
couades.

On déterminera les casernes, le quartier
de la ville, le cantonnement ou bivouac, destiné à chaque corps ou détachement.

On donnera les instructions les plus nécessaires à chaque corps pour son service et sa
sûreté.

On dira si les officiers logeront avec leurs
troupes ; dans le cas contraire, l'ordre du jour
contiendra celui d'en laisser un par compagnie, et de placer les autres à portée de leurs
quartiers.

On ajoutera enfin, si le logement se fera à
la craie ou par billet, par qui il sera fait pour
l'État-major, les corps, et les administrations,
et dans quel ordre.

Si les troupes campent, baraquent, ou bi-
vouaquent, on précisera la désignation du terrain où la ligne est tracée, et celle de ses appuis.

Dans le second article on détaillera :

Le lieu et l'heure des rassemblements de

la colonne, ou des différentes colonnes pour le lendemain,

L'ordre de bataille.

L'heure précise du départ de l'avant-garde, de l'arrière-garde, des bagages, etc.

L'heure du départ du bataillon des fourriers, dont nous avons parlé dans la deuxième partie de cet ouvrage, et le nom des corps qui doivent en fournir le commandant et les tambours.

Article II. *Des mots d'ordre et de ralliement.*

On appelle *mots d'ordre et de ralliement*, trois mots choisis, dont les troupes d'une même armée se servent, pendant la nuit surtout, pour se reconnoître entr'elles.

Ces trois mots sont composés, savoir : le mot d'ordre, d'un nom d'homme (36), et d'un nom de ville ou pays ; et le mot de ralliement, d'un substantif qui ne soit ni un nom d'homme, ni un nom de ville, ni un nom de pays.

Ces trois mots se renouvellent tous les jours, et c'est de la manière la plus secrette,

_____

(36) Ce nom doit toujours être celui d'un homme mort.

qu'on

qu'on les donne aux officiers de ronde, et aux commandants des postes et patrouilles.

Le mot d'ordre ne peut jamais être donné qu'à des officiers et sous-officiers de service : le mot de ralliement peut dans quelque cas, être confié à des factionnaires très-éloignés du poste; mais alors ces factionnaires doivent être choisis parmi les soldats les plus anciens et les plus sûrs.

C'est toujours à l'Etat-major-général, que les séries des mots d'ordre et de ralliement se composent ; et un général ne pourroit se permettre de changer un mot d'ordre , que dans le cas où par la perte d'un des mots d'ordre, ou bien par la désertion ou la prise d'un militaire qui l'auroit reçu, ce général auroit la conviction que l'ennemi a eu ou peut avoir eu connoissance de ce même mot d'ordre.

Mais dans cette hypothèse, il doit de suite prévenir de cette mesure le général en chef, et les généraux dont les troupes communiquent avec les siennes.

Quant au mode d'envoi du mot d'ordre, il dépend des circonstances : loin de l'ennemi, on l'adresse habituellement aux troupes pour cinq, dix, ou quinze jours à-la-fois : en face de l'ennemi, on le donne jour par jour : dans l'état de sécurité, on n'en envoie qu'un pour

H

chaque jour : dans des moments critiques, on le change jusqu'à deux fois dans une nuit : ordinairement il est porté par de simples ordonnances : extraordinairement, il peut l'être même par des officiers d'Etat-major : dans tous les cas, on le doit aux généraux activement employés, au commissaire-ordonnateur, aux chefs d'armes ou de corps auxquels on adresse l'ordre du jour, et aux commandants de place et de cantonnements, lorsque les généraux de brigades ne sont pas chargés de le leur faire parvenir.

Si plusieurs corps ou détachements se trouvoient dans un même cantonnement, le mot d'ordre ne s'adresseroit qu'à l'officier commandant le cantonnement. Dans un camp, on l'euvoie ordinairement au commandant de chaque arme, et rarement au commandant de chaque brigade *ou régiment*.

Habituellement le mot d'ordre doit être envoyé de jour, mais toujours cacheté ; il ne doit être remis que sur un reçu bien motivé, et, autant que cela se peut, à la personne même à laquelle il est adressé.

Article III. *Des états à dresser ou à fournir.*

On doit entendre par *états,* l'exposition

méthodique et précise, et la situation actuelle des objets que le titre de l'état indique.

C'est par ces sortes de pièces, que l'on rend compte de la force active et effective des corps, des subsistances de toute espèce, des fourrages distribués, existants, ou attendus dans les magasins, et de tout ce qui tient à l'habillement, à l'équipement, et à l'armement des corps et des places, ainsi qu'à l'approvisionnement de ces dernières.

L'Etat-major exige de tous les corps ou détachements qui font partie de la division, les états particuliers qui lui sont nécessaires, pour la confection des états ou tableaux généraux qu'il a à fournir au commissaire des guerres, au général commandant la division, à l'Etat-major-général, ou au ministre de la guerre. Mais comme ces tableaux généraux ne peuvent résulter que de la réunion des états particuliers, on ne pourra jamais éviter les vides ou les erreurs les plus funestes dans les uns, si les autres ne sont pas rédigés avec autant d'uniformité que de fidélité; et c'est ce que l'expérience a prouvé impossible à obtenir, lorsque l'on ne donne pas les modèles qu'il faut suivre. Ainsi, l'on peut poser en principe, que l'Etat-major ne doit jamais demander aucune espèce d'état, sans en avoir fourni le modèle ; principe qui devroit également être suivi dans les Etats-majors-généraux, et dans les Etats-majors-divisionnaires.

Relativement aux états qui doivent être fournis à des époques déterminées, la grande difficulté consiste à les recevoir à l'heure ou au jour marqué. Ceux qui doivent les fournir, mettent quelquefois trop de négligence à cette partie de leur service ; et sans beaucoup de sévérité, on n'obtient pas toujours d'eux, sur ce point, l'exactitude convenable, sur-tout dans les marches, où la négligence à cet égard paroît plus excusable, et où néanmoins elle peut donner lieu à de plus grands abus (37).

En général, l'homme foible ou insouciant

(37) Je n'ai pas joint ici de modèles d'états : 1°. parce que le ministre envoie ordinairement tout imprimés les états de quinzaine : 2°. parce que l'Etat-major-général fournit le modèle des états journaliers : et 3°. parce que la confection des autres est très-facile à concevoir, et suffisamment connue dans les bureaux d'Etats-majors. Nous dirons cependant, afin de ne pas laisser de vide, que les états qu'un chef d'Etat-major-divisionnaire a régulièrement à fournir, sont :

A l'Etat-major-général, 1°. Tous les quinze jours, le grand état de quinzaine ; et 2°. tous les deux jours le relevé des états journaliers.

Au commissaire des guerres, 1°. tous les mois, la

commanderoit vainement le zèle ou l'éner-
gie : jamais il n'obtiendroit dans le service
l'exactitude dont il ne donneroit pas l'exemple ; par-tout, l'intérêt personnel ou le relâ-
chement annulleront son autorité, s'il ne s'attache pas à réprimer l'un, et à punir l'autre.

Article IV. *Des ordres de mouvement.*

Par *ordres de mouvement*, on entend les
ordres en vertu desquels un corps ou plusieurs
corps de troupes se déplacent, et se transpor-
tent d'un lieu en un autre.

Les détails relatifs à la rédaction de cette
espèce d'ordre sont infinis ; ils naissent des
circonstances ou des événements souvent im-
prévus, qui provoquent ou nécessitent ces

---

situation de l'État-major du quartier-général, et des
officiers isolés ; le tout pour servir à la confection des
extraits de revue de ceux qui y sont portés : 2°. tous
les dix jours, la situation des présens en officiers,
sous-officiers, et soldats ; ainsi que celle des chevaux,
pour lui servir de base à ses approvisionnements : cet
état doit toujours être fait corps par corps, et grades
par grades.

Au général-divisionnaire, tous les cinq jours, le relevé des états journaliers ; tous les mois celui de quinzaine ; et tous ceux que les circonstances peuvent lui
faire demander.

mouvements, et dont les variations ne peuvent se calculer. Ainsi, n'espérant pas de pouvoir présenter tous ces détails, nous n'avons cherché ici qu'à indiquer ceux qui le plus souvent peuvent ou doivent entrer dans les ordres, qui font le sujet de cet article (38). De

---

(38) Nous aurions pu nous étendre beaucoup plus : nous avions même pensé à donner des modeles des principales espèces d'ordres de mouvement : nous y aurions trouvé à détailler les ordres pour toutes les espèces de marches, comme les ordres pour l'attaque ou l'escorte d'un convoi; les ordres pour la conduite des détachements ; les ordres pour une reconnoissance, une découverte, une tournée ; les ordres pour les partis; les ordres pour une embuscade, une surprise, une attaque vraie ou fausse, de nuit ou de jour, suivant les différentes saisons ou températures, et suivant les pays ; pour forcer, observer, ou seulement contenir l'ennemi ; contre un ennemi égal, supérieur, inférieur, campé, retranché, cantonné, ou en marche; pour l'investissement d'une place; pour secourir une place, dans un pays ami ou ennemi, coupé, couvert de plaines, de montagnes, etc. les ordres pour un fourrage ; les ordres pour s'emparer d'un pays, ou pour l'évacuer; les ordres pour un campement; pour un cantonnement d'hiver ; pour le rassemblement d'une armée, etc. etc. etc. mais la confection du cannevas de ces différents ordres, auroit fini par former un extrait de tout l'art de la guerre ; et ce travail infini, qui auroit

cette manière, nous nous bornerons à dire
que, selon les circonstances, un ordre de
mouvement peut ou doit contenir :

1°. L'autorité d'après laquelle il est donné.

2°. Le nom de la brigade, du corps ou détachement qui doit l'exempter.

3°. Le lieu d'où ce corps doit partir.

4°. L'heure de son départ.

5°. Le lieu où il doit se rendre, et où il doit
attendre de nouveaux ordres.

6°. La désignation de toutes les couchées.

7°. L'ordre de prendre une route chez le commissaire.

8°. Les endroits où, pendant son mouvement,
il devra recevoir ses vivres et autres objets de distributions.

9°. La recommandation de marcher avec bon
ordre, police, et discipline militaire.

10°. L'ordre de se faire toujours précéder par

---

demandé tant de recherche, eût été trop étendu pour
faire partie de cet ouvrage.

Notre objet est simplement de mettre les officiers
d'États-majors, qui journellement ont des ordres de
mouvement à faire, en état de les bien faire, et d'éviter dans leurs instructions, ces sortes de lacunes qui
indisposent ceux qui les reçoivent, et laissent souvent
l'embarras d'une détermination délicate, à celui qui ne
devroit avoir à s'occuper que des moyens d'exécution.

H 4

un officier chargé de préparer le logement et les subsistances.

11°. L'ordre de faire relever tous les hommes de gardes, de piquets, ou d'ordonnances, que peut avoir le corps ou détachement qui doit exécuter le mouvement ordonné.

12°. L'avis que les détachements que le corps peut avoir fournis, ont ou n'ont pas reçu l'ordre de rejoindre, ainsi que la désignation du lieu où, dans le premier cas, ils doivent le faire.

13°. Si l'on est à portée de l'Etat-major, l'ordre d'y faire sur-le-champ les demandes relatives aux munitions et aux effets d'armement, d'équipement, et d'habillement, qui peuvent être nécessaires à ce corps, et auxquels il peut avoir droit.

14°. L'autorisation au commissaire des guerres, à l'officier qui le supplée, ou au commandant de place, de faire fournir, par la municipalité, les voitures ou chariots nécessaires aux troupes aux, équipages, bagages, malades, etc. (39).

---

(39) Telle est du moins à cet égard la marche suivie dans les pays conquis. Dans l'intérieur de la république, des modes établis sauvent de l'arbitraire, toujours inévitable dans l'exécution de ces sortes de mesures.

15°. L'ordre de prendre des guides sûrs.

16°. Les instructions particulières qui peuvent être nécessaires pour ce mouvement.

17°. L'ordre de laisser ou emmener les officiers ou sous-officiers employés au conseil de guerre, aux commissions militaires, etc.

18°. L'ordre dans lequel les troupes doivent marcher, s'il y a plusieurs corps dans la colonne.

19°. Dans ce cas, le nom du commandant de la colonne.

20°. Autant que cela peut importer, la manière dont les troupes doivent marcher.

21°. L'ordre d'entrer dans les villes et les villages de la manière la plus militaire, et avec toutes les précautions de la guerre.

22°. L'ordre de déterminer tous les soirs à la retraite, une place d'alarme et un ordre de bataille, en cas d'alerte pendant la nuit.

Dans quelques cas particuliers, il faut ajouter si les drapeaux doivent marcher, où doit se tenir l'État-major d'un corps, qui, par exemple, marcheroit sur plusieurs colonnes.

Lorsque la troupe qui doit faire le mouvement, évacue une place ou un pays, il faut de même ne pas oublier les munitions, les armes, l'artillerie, etc., qui peuvent se trouver dans la place même, ou dans les forts ou places qui en dépendent, et déterminer la conduite que doit tenir à cet égard, le chef militaire auquel l'ordre s'adresse.

Si une division devoit marcher sur plusieurs colonnes, il faudroit que le chef de l'État-major précisât, avec un soin particulier, les routes que devroient suivre les différentes divisions d'artillerie, ainsi que le grand parc, qui doit toujours marcher après les mêmes équipages de la colonne dont il fait partie, comme le trésor en tête des gros équipages du quartier-général.

Si toute l'infanterie doit marcher, l'ordre de mouvement contiendra celui de faire battre la *générale*, *l'assemblée* une demi-heure après, et le *drapeau* une heure après l'*assemblée*. Quand il n'en doit marcher qu'une partie, le *premier* sera battu au lieu de la *générale*.

Dans un mouvement général, et lorsque la division est campée, le tambour du quartier-général, et le trompette de la garde de cavalerie, commenceront la *générale* et le *boutte-selle*, et les continueront jusqu'au plus prochain corps.

Les autres signaux seront donnés par les tambours et trompettes des premiers corps.

La composition de l'avant-garde, du corps

de bataille, et de l'arrière-garde, sera toujours très-précisée dans les ordres de mouvements généraux. C'est à la suite de l'avant-garde, que marcheront les nouvelles gardes, et le campement ou logement, lorsque le mouvement s'exécute à portée de l'ennemi.

Nous n'ajouterons ici qu'un mot, dont l'expérience nous a démontré l'importance.

Ce mot consiste à prévenir les officiers chargés de l'expédition des ordres de mouvement, que pour qu'ils puissent être exécutés sans lenteur et sans obstacles, il faut non-seulement que les ordres soient adressés aux généraux, chefs d'armes ou de corps, qui doivent les exécuter ou les faire exécuter; mais encore être commmniqués officiellement et à tems, à toutes les personnes qui doivent concourir à leur exécution, telles que sont....

1°. Le commandant de la place où le corps se trouve.

2°. Le commissaire-ordonnateur ou des guerres de la division, en lui désignant la force du corps ou détachement qui doit faire le mouvement.

3°. Aux commandants militaires dans l'arrondissement desquels il doit passer.

4°. Aux autorités civiles des pays qu'il doit

traverser, autant que cela peut être nécessaire pour les subsistances ou le logement.

Article V. *De la partie secrette.*

En campagne sur-tout, *l'espionnage*, au-
trement dit, *la partie secrette* forme une
branche essentielle du travail d'un chef d'Etat-
major.

C'est une chose délicate que l'organisation
de ce service.

Il faut avoir assez d'espions pour qu'il y en
ait toujours en campagne. Leur choix est difficile, parce qu'il importe qu'ils soient sûrs,
pris parmi des hommes de même opinion, qui
ne se connoissent pas, de peur qu'ils ne puissent s'entendre, et concerter leurs réponses.

Une précaution sage est de les choisir parmi
les hommes qui ont le plus à se plaindre du
parti contre lequel on les emploie; on ne doit
rien négliger pour les intéresser à la cause
qu'ils servent.

Pour les exciter à bien servir, on leur donne
un petit salaire, lorsqu'ils n'apprennent rien
d'intéressant, et de fortes récompenses quand
ils apportent des avis importants, et que ces
derniers se sont vérifiés.

Tout ce qu'on leur a promis doit leur être

donné exactement. On doit attacher les ambitieux par la promesse de ce qui les flatte, ceux qui sont timides par des menaces, ceux qui aiment l'argent par des récompenses pécuniaires. On peut encore s'assurer provisoirement des biens et des familles de ceux qui en ont. Il faut enfin savoir profiter de toutes les foiblesses que l'on peut découvrir en eux, et se bien persuader que sans cela, on n'aura aucune autorité réelle sur eux, et qu'on n'en obtiendra aucun renseignement, si l'on ne fait agir à-propos la crainte et l'espérance.

Terminons par dire sur ce chapitre, qu'en fait d'espionnage, le principal objet est de parvenir à tromper l'ennemi sur ce qu'il veut savoir, et à découvrir ce qu'il a intérêt de cacher.

Article VI. *De l'historique de la division.*

L'historique d'une division doit être le rapport exact de tout ce qui s'y est passé de relatif aux opérations militaires; rapport qui tous les deux jours doit être mis au dos de la situation que le chef de l'Etat-major-général doit recevoir exactement de chaque Etat-major-divisionnaire..... Cet historique doit comprendre :

1°. Tous les mouvements de la division.

2°. L'ordre dans lequel les troupes ont marché

3°. L'emplacement ou la répartition des troupes.

4°. Les dispositions d'attaque ou de défense qui ont pu être faites.

5°. Les affaires auxquelles les différents corps ont eu part.

6°. L'ordre dans lequel ils ont combattu.

7°. Le résultat des reconnoissances et découvertes.

8°. Les beaux traits qui ont été faits, en désignant par noms, grades, et corps, les militaires qui se seront distingués.

9°. Les autres détails placés dans l'article 5, intitulé *des rapports*.

10°. Les marches du quartier-général (40).

────────────────

(40) Il sera infiniment intéressant d'y joindre sur chaque marche un rapport topographique, contenant la description exacte du pays, des routes, des rivières, des postes, et des positions militaires avec leurs liaisons entr'elles. Ce rapport devra faire également mention de la population de chaque commune, des distances qui les séparent, de leurs productions territoriales et commerciales, de leurs ressources, de leur esprit public, et même des principaux monuments d'histoire ou des arts qui s'y trouvent, ainsi que des grands hommes qui y sont nés, ou des grandes choses qui s'y sont faites.

11°. La description la plus exacte de la topographie du pays, et la rectification des meilleures cartes connues, sur-tout en ce qui concerne les détails des positions et de leurs liaisons.

12°. Les observations générales que le pays que l'on parcourt, pourroit offrir relativement aux différentes espèces de guerres que l'on pourroit avoir à y faire, et particulièrement à la guerre offensive, à la guerre de position, à la guerre défensive, et à la guerre contre les paysans.

13°. Le résumé des rapports des postes.

14°. La copie, ou du moins l'analyse des rapports des espions, autant qu'ils peuvent intéresser, et paroître liés aux événements de la guerre.

15°. Les rapports des reconnoissances, des tournées, et des affaires, remis par les généraux, chefs de corps, ou autres officiers de la division, et autant qu'il peut importer de les rapporter séparément ou en entier.

Le tout doit être rédigé de manière que la narration, quoique concise, ne laisse point d'obscurité dans les détails, ni de lacunes dans la suite des événements ou des faits qui y sont rapportés.

Mais pour que ce travail soit aussi complet qu'il seroit à desirer qu'il le fût, il faudroit que chaque officier-général, les chefs de corps, officiers supérieurs, ou autres officiers détachés, rédigeassent dans la même forme l'historique des troupes qu'ils commandent, et l'envoyassent exactement à l'État-major de leur division, où tous ces différents historiques seroient refondus dans l'historique de la division.

De cette manière, l'on ne risqueroit plus de confondre souvent le vrai, le vraisemblable, et le faux.

QUATRIÈME

QUATRIÈME PARTIE.

Des personnes qui ont le plus de rapports avec les Etats-majors-divisionnaires.

J'AI à parler dans cette partie,

1°. Des ordonnances de l'Etat-major.

2°. Des guides.

3°. Des vivandiers.

4°. Du vaguemestre.

5°. Du commandant de la place du quartier-général.

6°. Des officiers de génie.

7°. Des conseils de guerre et de révision.

8°. Du commandant de l'artillerie.

9°. Du commissaire des guerres.

Article Ier. *Des ordonnances de l'Etat-major.*

Les *ordonnances* sont en général des hommes pris dans l'infanterie parmi les sous-officiers, et dans la cavalerie parmi les simples cavaliers, et qui pendant vingt-quatre heures, et à leur tour de service, sont chargés, chez les généraux, à l'Etat-major, chez le commandant de place, et le commissaire des guerres,

I

de porter les lettres, ordres, ou paquets qui
tiennent au service (41).

Ces ordres ou lettres se portent ordinairement par une seule ordonnance, de jour sur-
tout, et dans les cas de péril ou de nuit, par
deux. Lorsqu'on en envoie davantage, on
nomme *détachement* la totalité des hommes
qui en sont chargés.

On a eu cependant différentes manières d'organiser ce service. Dans quelques armées, les
ordonnances à pied étoient des sous-officiers des
corps d'infanterie, relevés chaque jour; tandis
que le service des ordonnances à cheval se fai-
soit par des gendarmes. Dans d'autres, les
corps de cavalerie fournissoient les ordonnances à cheval, tandis que les ordonnances
à pied se prenoient dans une compagnie de
gendarmes à pied, spécialement chargée de
ce service, et de la garde du caisson de l'Etat-
major dans les marches. Ailleurs encore, toutes les ordonnances étoient fournies par les

_____

(41) Il doit toujours y avoir à l'Etat-major une ordonnance de chaque corps ; et cette ordonnance doit
toujours y apporter en s'y rendant, l'adresse écrite
du chef de son corps, et même la bien connoître, afin
de pouvoir lui porter rapidement, et de jour comme
de nuit, les ordres qu'on auroit à lui adresser.

corps, et renouvelées, savoir, par l'infanterie tous les jours, et par la cavalerie tous les cinq ou dix jours.

L'avantage qui résultoit de n'employer pour cet objet que des gendarmes à cheval, étoit d'épargner à la cavalerie ce service qui souvent la ruine et toujours la fatigue, par la manière dont les chevaux sont conduits et soignés par les cavaliers, lorsque ces derniers sont hors de la surveillance de leurs chefs. L'inconvénient de cet usage étoit que souvent des ordres pressés arrivoient trop tard, parce que les gendarmes étant propriétaires de leurs chevaux, les ménageoient trop, et souvent n'arrivoient pas du tout dans les cas de dangers. L'avantage des compagnies de gendarmes à pied, étoit que l'État-major avoit à ses ordres le nombre d'ordonnances nécessaires ; qu'il n'étoit pas exposé à les attendre ; que l'on avoit des hommes bien instruits de ce service, et d'autant plus obligés de le bien faire, qu'ils étoient assurés d'être toujours connus, connoissant d'ailleurs eux-mêmes tous ceux avec qui leurs fonctions les mettoient en relation. La seule objection qu'on ait opposée à cette institution, a été l'inconvénient de multiplier les cadres.

Article II. *Des guides.*

Les *guides* d'une armée étoient autrefois des hommes choisis dans le pays qui devenoit le théâtre de la guerre : on prenoit ceux qui connoissoient le plus parfaitement les localités ; et ils servoient réellement à conduire les colonnes, et à guider dans leurs courses, les généraux et les officiers d'Etat-major : il y en avoit douze à pied, et douze à cheval. Par la manière dont on les choisissoit, on étoit sûr de n'admettre parmi eux que des hommes dignes de confiance. Ainsi composés, on les employoit encore à porter les ordonnances importantes ou pressées.

Aujourd'hui ils n'ont presque conservé de leur emploi que le nom : leur nombre est au moins quadruplé ; leur organisation même a entièrement changé.

Les guides à cheval se prennent dans la cavalerie de l'armée, et ceux à pied dans l'infanterie : on les choisit parmi les hommes les plus braves, etc. Ils forment ainsi deux belles compagnies qui ne quittent point le quartier-général de l'armée : celle à cheval est attachée à la personne du général en chef ; et celle à pied à ses équipages.

C'est à la hussarde qu'ils sont ordinairement vêtus et équipés , et leur tenue est presque toujours belle. Le général en chef détermine leur ordonnance (42).

Le grand quartier-général des armées , ne marchant presque jamais aujourd'hui, que sur des routes déjà reconnues et frayées par les divisions, de véritables guides, et sur-tout des guides à pied , y seroient réellement peu utiles , tandis qu'il seroit important qu'on en eût quelques-uns aux avant-gardes sur-tout ; l'on feroit d'autant mieux d'en avoir toujours là, que souvent les moments où l'on en a le besoin le plus urgent , sont ceux où la confu-

---

(42) Dans les grandes batailles de l'an cinq en Italie, les guides rendirent des services essentiels , et d'autant plus méritoires qu'ils étoient bien plus l'effet de l'enthousiasme inspiré par Bonaparte, qu'ils n'é-toient prescrits par le devoir.

Pour les récompenser de quelques traits d'un grand dévouement, ce général augmenta leur nombre, for-tifia l'esprit qui les animoit, et porta ses guides à pied, au taux d'un bataillon, en même tems que ses guides à cheval à celui d'un régiment de cavalerie : il en fit une espèce de légion, à laquelle il donna une artillerie légère. Ce grand homme eut de cette manière dans ses guides , un corps d'élite , réellement fait pour justifier une grande confiance.

I 5

sion et l'épouvante s'emparant des habitants,
empêchent d'en trouver.

Je proposerois donc d'en avoir toujours à
l'État-major des divisions actives, et aux
quartiers - généraux des brigades. A mesure
que l'on avanceroit, on remplaceroit par de
nouveaux guides ceux qui seroient venus de
plus loin; on n'auroit jamais que des hommes
du pays même; et en les choisissant avec un
peu de soin, on pourroit de plus tirer souvent
d'eux les renseignements les plus utiles. Ajoutons enfin que ces hommes mettroient un
zèle infini à leur service, si on les récompen-
soit par les vivres militaires, et par une solde.

Pour sentir de quelle importance seroit
cette précaution, il suffit de se rapeler combien elle eût fait gagner de batailles, qui n'ont
été perdues que parce que des corps entiers,
ayant suivi des routes fausses ou trop longues,
sont arrivés trop tard, ou bien même ne sont
point arrivés au point qui leur avoit été assi-
gné; combien elle eût diminué les malheurs
des affaires perdues, en faisant toujours profiter une armée en retraite, de tous les avantages que le pays pouvoit lui offrir pour couvrir ou assurer son mouvement; et enfin,
combien après une victoire, cette connoissance

parfaite des localités, doit ajouter aux moyens d'en tirer le plus grand fruit.

Je ne parle pas de l'organisation des guides; de leur nombre, qui doit être déterminé par la nature du pays et les circonstances; de leur service et de la manière de les y attacher, qui sont les promesses, les cadeaux, les menaces, les punitions, les ôtages, etc.; des qualités morales, politiques, et autres qu'ils doivent avoir; et de la manière de les bien juger, etc. attendu que cela n'entre pas dans le cadre de cet ouvrage.

Article III. *Des vivandiers.*

Les *vivandiers* sont des soldats ou sous-officiers, autorisés à suivre les quartiers-généraux et les corps auxquels ils sont attachés, pour vendre aux militaires et à un taux modique, les comestibles de première nécessité.

Les vivandiers des corps, ordinairement choisis dans les corps auxquels ils appartiennent, doivent être munis d'une patente de leur conseil d'administration: cette patente doit de plus être visée du chef de l'État-major de la division dont le corps fait partie.

Les vivandiers du quartier-général sont

I 4

choisis par le chef d'Etat-major et patentés par lui.

Tous les vivandiers doivent avoir un numéro particulier, qu'ils porteront sur une plaque de fer-blanc, et qu'ils recevront de même du chef d'Etat-major.

Dans les marches, la place des vivandiers est avec les bagages. Leur police est en général difficile. Beaucoup d'entr'eux dépouillent les habitants des campagnes, et chargent ainsi très-souvent leurs voitures, beaucoup plus d'effets que de vivres. On ne les contient guères qu'en annonçant dans l'ordre du jour, que le pillage de toutes les voitures de vivandiers qui seront trouvées ailleurs qu'à la place qui leur est assignée, est permis : c'est même le seul moyen d'empêcher, ou du moins de diminuer les désordres qu'on a souvent eu à leur reprocher.

Quant à leur nombre, il est prescrit par les réglements militaires. Souvent au lieu de vivandiers, les corps ont des vivandières. Elles sont sujettes aux mêmes formalités et aux mêmes réglements.

Article IV. *Du vaguemestre.*

Un *vaguemestre* est, ainsi que le mot l'indique (43), l'homme chargé des détails qui concernent les équipages et bagages.

Il y a des vaguemestres aux Etats-majors-généraux, aux Etats-majors-divisionnaires, et dans les corps.

Les premiers, dits vaguemestres-généraux, sont pris parmi les officiers ; les deuxièmes, nommés vaguemestres-divisionnaires, sont des adjudants choisis par les chefs d'Etats-majors des divisions dans les corps qui les composent: ceux-ci sont vaguemestres pour toute la campagne. Les troisièmes sont des sous-officiers choisis à cet effet par les conseils d'administration des corps.

Les qualités principales qui doivent déterminer le choix d'un vaguemestre-divisionnaire, sont l'intelligence, la fermeté, et l'activité.

Il doit avoir un état de tous les vaguemestres des corps de la division, et un second de toutes les voitures qui y existent : cet état doit être visé par le chef de l'Etat-major, qui vérifiera s'il est conforme à ce que prescrivent les réglements.

Toute voiture qui contraventionnellement

_____

(43) Ce mot emprunté de la langue allemande signifie *maître de voitures, wagen-meister.*

se trouvera dans la colonne, sera arrêtée par le vaguemestre, et conduite à l'Etat-major.

Il veillera à ce que toutes les voitures portent le nom du service ou du maître auxquels elles appartiennent, et que dans les marches elles filent à leur place.

Habituellement, le vaguemestre - divisionnaire ne sera chargé que de la police des vivandiers, et de la conduite des équipages du quartier-général ; à cet effet, il aura à sa disposition la garde qui leur sera attachée.

Mais si tous les équipages de la division se trouvoient détachés, les vaguemestres des corps seroient sous ses ordres immédiats, et il régleroit tout ce qui y seroit relatif.

Quant à l'ordre dans lequel les équipages doivent marcher, il doit être déterminé par le rang de leurs corps ou de leurs propriétaires.

Dans les marches, le vaguemestre veillera à ce que les bagages restent à la place qui leur est assignée, et qu'ils marchent dans l'ordre prescrit.

Dans les haltes, il les parquera conformément aux dispositions arrêtées par le chef d'Etat-major.

Dans le repos, un de ses devoirs est de prendre à la poste toutes les lettres et les paquets qui y viennent pour le général et pour le chef de l'Etat-major, et de les leur porter au moment où elles arrivent.

En tout état de cause, le vaguemestre doit tous les jours venir faire son rapport au chef de l'Etat-major, et recevoir ses ordres.

Quelquefois les ordres de marches portent de ne laisser filer aucun cheval dans la colonne (hors ceux des officiers qui ont droit d'en avoir); et ces ordres sont difficiles à mettre à exécution, parce que beaucoup d'officiers, qui en ont contre les ordonnances, tiennent à ne pas s'en séparer. Alors dans les cas importants, pour suppléer au peu d'autorité du vaguemestre, le général charge un officier d'Etat-major de surveiller l'exécution de ses ordres à cet égard.

Article V. *Des officiers de génie.*

Le commandant du génie a dans chaque division active, un ou deux officiers de son arme. Ces officiers n'y reçoivent d'ordres que du général-commandant, soit directement, soit par son chef d'Etat-major. Ils suivent le premier dans toutes ses opérations (44).

_____

(44) Ils ont avec eux un certain nombre d'ouvriers auxquels les sapeurs peuvent suppléer, et un chariot

Ces officiers sont ordinairement chargés de deux sortes de travaux. Le premier consiste à exécuter les ordres du général auprès duquel ils sont employés, c'est-à-dire, à lever les plans qu'il demande, et à construire les ponts, batteries, redoutes, lignes de défenses, etc., qu'il pourroit juger utiles ou nécessaires à ses vues. Le deuxième consiste à faire un journal exact de toutes les opérations militaires de la division..... Dans ce journal, tout ce qui tient à la topographie et aux ressources du pays, doit être fidèlement rapporté. Le plan raisonné de chacune des positions militaires doit s'y trouver, ainsi que la description détaillée de tous les points où il y a eu des affaires. Les dispositions d'attaques et de défenses doivent y être jugées topographiquement. Cet historique se fait pour le commandant du génie, et c'est par-là qu'il exerce le talent de ses officiers, et qu'il apprend à les connoître.

Article VI. *Des commandants de place.*

Les commandants de place sont des offi-

où sont tous les instruments et outils, qui peuvent être nécessaires à la confection des ouvrages que l'on peut avoir à faire construire dans le cours d'une campagne.

ciers de confiance, chargés dans une ville ou
place quelconque, de veiller à l'exécution des
lois et réglements militaires relatifs à la discipline intérieure, au bon ordre, à la police,
et à la tranquillité.

Lorsqu'il n'y a pas de général, le commandant de place est de même chargé de tout ce
qui tient à la défense.

Le commandant d'une place doit toujours
se trouver à la parade. A l'heure de la retraite,
c'est lui qui donne le mot et l'ordre du soir.

Il est toujours chargé, conjointement avec
l'officier de génie et le commissaire des guerres, de l'assiette des logements militaires dans
les casernes. Les municipalités sont chargées
de ce même logement chez les citoyens; mais
en pays ennemi sur-tout, elles ne doivent
délivrer aucun billet de logement sans l'invi-
tation du commandant de la place.

C'est lui qui fait faire les funérailles des
militaires morts dans la place, etc.

C'est enfin lui qui fait exécuter les jugements
des conseils de guerre, fait faire les arresta-
tions, ordonne tout le service militaire de sa
place, et commande en pays conquis et révo-
lutionnés même, les gardes bourgeoises.

S'il n'y a pas de commissaire, et qu'il n'y
ait point d'officier nommé pour le remplacer,

c'est lui qui le remplace pour le visa des bons,
et tout ce qui tient aux subsistances. En pays
ennemi, il est de plus chargé, à défaut d'autorité supérieure, de la signature des passe-
ports, des passes, etc.

Tous les matins, le commandant de place
doit se rendre chez le général, lorsqu'il s'en
trouve un dans la place, lui porter son rapport écrit, l'instruire de vive voix de ce qui
est relatif à son service, et prendre ses ordres.

Il doit de même à l'Etat-major de la division
sur l'arrondissement de laquelle sa place se
trouve, un rapport écrit et journalier. Ce rapport doit faire mention de tous les passages de
troupes, de celles qui ont quitté la garnison,
ou qui y sont arrivées, ainsi que des événements remarquables qui ont quelque rapport
aux objets confiés à sa surveillance.

Il doit être prévenu par le chef de l'Etat-
major, de tous les mouvements de troupes
qui doivent avoir lieu dans la garnison.

Il doit se trouver aux spectacles, et aux fêtes
publiques, ou s'y faire remplacer.

En pays conquis, le général commandant
la division, juge et détermine le nombre d'adjudants, que le service des différentes places
de son arrondissement peut rendre utiles ou
nécessaires.

Outre ces commandants de place, il y en a toujours un au quartier-général de la division, et qui suit tous ses mouvements. Il a, à peu de chose près, les mêmes attributions que les autres commandants de place.

Seulement il ne demande pas lui-même aux chefs de corps ou commandants de détachements, les troupes nécessaires à son service journalier ; mais il adresse au chef de l'Etat-major, l'état de son service ; d'après quoi ce dernier fixe le contingent de chaque corps en officiers de tous grades, en sous-officiers, soldats, tambours, ou trompettes, et envoie l'ordre de fournir ce contingent, en déterminant le lieu où il doit se rendre, et l'heure où il doit s'y trouver.

Dans les marches, le commandant du quartier-général est assez souvent chargé par le chef de l'Etat-major, de faire le logement du quartier-général ; et alors l'avant-garde des troupes qui composent la garnison ou l'escorte du quartier-général, se forme des nouvelles gardes, qui marchent avec le commandant de la place, et se trouvent ainsi dans le lieu de la couchée, avant l'arrivée de la colonne, tandis que les gardes descendantes forment l'arrière-garde, et ne partent qu'après la colonne, et avec l'adjudant de place.

Cette marche évite de grands désordres, et met à même d'arrêter ceux qui pourroient en commettre.

Quant à l'état de service, que le commandant de la place doit journellement fournir au chef de l'État-major, il doit contenir :

1°. La désignation des différents postes.

2°. Leur arme et force en sous-officiers et soldats.

3°. Les grades de leurs chefs.

4°. Les articles essentiels de la consigne des principaux postes.

5°. L'heure et le lieu de la parade.

6°. L'heure et le lieu où se donnera l'ordre et le mot, et où la retraite sera battue.

7°. La désignation d'une place d'alarme pour la nuit.

8°. La détermination d'un ordre de bataille en cas d'alarme.

9°. L'organisation du service des patrouilles.

10°. La force des piquets de toute arme, leur emplacement, et leur service.

11°. La désignation des officiers de visite et de ronde, ainsi que de ceux qui doivent assister aux distributions.

12°. Les ordonnances et plantons de toutes armes, en désignant leurs postes.

Le

Le tout, sauf l'approbation du chef de l'Etat-major.

Les principaux postes dans les marches, comme dans le repos, sont ceux du quartier-général, de l'Etat-major, des généraux, du payeur, de la poste militaire, du commandant de la place, de la grande garde, des gardes de police, des barrières, des magasins, des lieux de distributions, des prisons, des hôpitaux, et des forts ou batteries, s'il s'en trouve.

Article VII. *Conseils de guerre et de révision.*

Il doit y avoir dans chaque division active, deux conseils de guerre, et un de révision. Un chef de brigade sous le titre de président; un chef d'escadron ou de bataillon; deux capitaines, un lieutenant, un sous-lieutenant, et un sous-officier, faisant les fonctions de juge; un capitaine rapporteur, et son greffier, forment jusqu'à la paix, dans chaque division, l'un des deux tribunaux que la loi du 13 brumaire de l'an 5, a créés sous le nom de conseils de guerre, pour connoître et juger tous les délits militaires.

Les généraux, qui commandent ces différentes divisions, sont chargés de l'établissement des conseils de guerre, ainsi que du

K

choix et de la nomination des membres qui les composent ; le greffier seul excepté, qui doit être nommé par le rapporteur. Les généraux en chefs nomment aux conseils de révision.

C'est au rapporteur du premier conseil de guerre que l'ordre d'informer doit être adressé par le chef de l'Etat-major, ainsi que les pièces à charge et à décharge.

Le président du même conseil doit être informé du tout par lettres particulières.

En alléguant un défaut de forme, un condamné peut appeler d'une sentence rendue par le premier conseil de guerre, pardevant le conseil de révision.

Le conseil de révision doit être composé de d'un officier général, qui le présidera ; d'un chef de brigade ; d'un chef de bataillon ou d'escadron ; de deux capitaines, et d'un greffier, qui sera toujours au choix du président : il ne peut juger que sur les formes : si elles ont été observées, il confirme la sentence. Dans le cas contraire, il renvoie l'affaire devant le deuxième conseil de guerre ; et si le jugement de ce dernier est attaqué par les mêmes moyens que celui du premier conseil ; la question doit être soumise au corps législatif (45).

(45) Cette marche est belle : mais l'établissement de ces trois conseils est difficile dans une division active.

(Voyez la loi du 18 vendémiaire an 6.)

Un commissaire des guerres de première classe et de trente ans d'âge, doit remplir les fonctions de commissaire du directoire exécutif, dans les conseils de révision.

Quant à l'exécution des sentences de mort, le rapporteur doit lui-même la réquérir auprès du commandant de la place , qui en détermine sur-le-champ l'heure et le lieu. Dans aucun cas, elle ne peut être différée de plus de vingt-quatre heures.

Quant à la mise à exécution des autres sentences , si les dispositions qu'elles nécessitent ne sont pas du ressort du commandant de la place , le rapporteur la réquerrera auprès du général commandant.

Article VIII. *Du commandant de l'artillerie.*

Dans une division , un commandant d'artillerie est un officier supérieur de cette arme, sous les ordres duquel se trouve toute l'artillerie légère et de position.

Il doit, comme les commandants des autres armes, fournir à l'Etat-major de la division, ses états journaliers et de quinzaines ; et de plus avec ces derniers, l'état du matériel de son arme.

Dans le nombre de ses charretiers doivent

K 2

être compris ceux des équipages militaires, et leurs chevaux dans l'effectif des chevaux d'artillerie.

Quant aux mouvements que le parc de l'artillerie, qui n'est attaché à aucune brigade, peut avoir à faire dans une marche, ou dans un combat, le commandant de cette arme ne reçoit d'ordres que du général qui commande la division, ou en son nom du chef de l'Etat-major. C'est d'après les mêmes ordres, ou ce qui revient au même, le visa du général ou du chef de l'Etat-major, qu'il distribue seulement au corps de la division, les munitions de guerres et armes qui sont sous sa garde spéciale.

Mais outre ces rapports avec le général et l'Etat-major de la division, il en a encore avec l'Etat-major-général de son arme (46), auquel il doit fournir ses états de situation de tout genre.

C'est le général en chef de l'artillerie, avec l'agrément du général en chef de l'armée, qui emploie ou change les différents officiers ou détachements de son arme, qui ordonne le remplacement des pièces, caissons, ou affûts

_____

(46) L'artillerie a dans chaque armée, son général en chef, et son Etat-major-général.

qui, dans les parcs de l'armée, pourroient avoir besoin de grandes réparations, change ou remplace les chevaux ou mulets qui y appartiennent, et enfin envoie les munitions, ustensiles, ou autres objets, à fournir ou à remplacer.

L'habillement, l'armement, et l'équipement des artilleurs, ouvriers, charretiers de l'artillerie, ou des équipages militaires, appartiennent également à l'État-major-général de cette arme.

Article IX. *Du commissaire des guerres.*

Le commissaire des guerres, dans une division, est le chef de la partie administrative (47). Il a dans l'armée, le rang de capitaine de cavalerie.

Quoique subordonné au général-commandant, ce n'est que sous la forme d'invitations, que le commissaire des guerres, en reçoit les ordres, d'après lesquels il agit. Auprès des autorités civiles, c'est lui qui est directement chargé de tout ce qui a rapport aux vivres,

---

(47) On appelle *administration*, la totalité des individus qui, sans être militaires, sont employés à quelqu'une des branches du service de l'armée.

K 5

et autres objets relatifs à l'habillement et équipement, aux hôpitaux ou ambulances, aux magasins et aux transports.

Le payeur de la guerre, les inspecteurs, directeurs des hôpitaux et de la poste, les fournisseurs, gardes-magasins, distributeurs, chirurgiens, pharmaciens, aides, etc., ainsi que les employés aux équipages militaires, sont sous sa police immédiate, et cela quoique les équipages militaires fassent partie du commandement du chef de l'artillerie pour tout ce qui concerne le service et la discipline.

C'est le commissaire des guerres qui dirige l'établissement des hôpitaux, et en surveille le service.

Dans les conseils d'administration divisionnaire, il fait les fonctions de secrétaire (48).

_____

(48) Ces conseils d'administrations divisionnaires sont des assemblées extraordinaires des généraux, des chefs de corps, et du commissaire des guerres, dans lesquelles tous les besoins des corps sont discutés. Les généraux commandants les divisions les président ordinairement. Ces conseils ont été créés et tenus en Italie, à la fin de la campagne de l'an 5, d'après les ordres de Bonaparte qui, après la paix de Campo Formio, visitant encore toutes les divisions de son armée, présida lui-même les conseils d'administrations divisionnaires de chacune d'elle.

Dans les villes où il y a des casernes, il est, avec le commandant de la place et l'officier de génie, chargé du logement militaire.

Dans les conseils de révision, un commissaire des guerres fait les fonctions de commissaire du gouvernement; mais il faut, d'après la loi, qu'il ait trente ans d'âge, et qu'il soit de première classe.

C'est encore lui qui doit recevoir le testament des militaires qui auroient la volonté ou le loisir d'en faire.

Chargé de la comptabilité, il arrête les états de solde des corps; il vérifie leurs différentes situations dans des revues qu'il passe tous les mois, et qui doivent comprendre les présents et absents, c'est-à-dire, tout l'effectif.

C'est sur l'état du chef de l'Etat-major, qu'il fait les extraits de revues des officiers-généraux et particuliers qui composent le quartier-général, l'Etat-major, etc. des commandants de place, et autres officiers isolés.

Il assiste à la revue de la caisse du payeur, lorsqu'elle est ordonnée, et dresse le procès-verbal de l'état dans lequel elle a été trouvée.

Si le trésor de la division, la caisse d'un corps, un magasin, etc. avoit été volé, il en dresseroit procès-verbal.

En général, tous les procès-verbaux, où il

ne s'agit pas de délits qui ne concernent que des individus, sont de son ressort.

Les états de toutes les pertes qui peuvent donner, aux officiers qui les ont éprouvées, droit à quelqu'indemnité que ce puisse être, doivent être arrêtés ou visés, et toujours signés par lui.

Tout ce qui a rapport aux routes, aux étapes, et enfin au passage des troupes, est encore de son attribution.

Quant aux magasins qui sont sous son inspection directe, quoique sous la responsabilité de leurs gardes, rien ne peut y entrer qu'il n'en soit instruit; et rien ne peut en sortir que sur des bons visés par lui : on voit d'après cela, que c'est lui qui ordinairement fait délivrer aux corps tout ce qui leur revient d'après la loi.

Quant aux distributions extraordinaires que les circonstances peuvent nécessiter, il les fait faire sur le certificat d'urgence que le général-commandant appose au bas des états de besoins fournis par les conseils d'administrations des corps, et d'après l'état des magasins.

Or, pour agir à cet égard d'après des bases certaines, il faut qu'il connoisse également la situation de ces magasins, et celle des corps.

Il acquiert cette dernière connoissance par

des revues particulièrement relatives à leurs besoins.

Ses relations sont :

1°. Par rapport aux employés des administrations militaires qui lui sont subordonnées; les ordres qu'il leur donne.

2°. Par rapport aux autorités constituées de la République; la correspondance relative à ce qui est de leur commun ressort.

3°. Par rapport aux autorités civiles des pays conquis; les demandes ou réquisitions.

4°. Par rapport aux corps, ce sont les revues qu'il en passe, les demandes qu'il en reçoit, le visa des bons des vivres et effets de tout genre, qui leur reviennent, et l'arrêté des sommes qu'elles ont à percevoir.

5°. Avec le général et l'État-major, elles peuvent se borner à la correspondance : cependant, pour le plus grand bien, il est à désirer qu'il communique souvent avec eux, la correspondance la plus active ne pouvant jamais remplacer les avantages des conférences (49).

_____

(49) Ces avantages sont si réels qu'il seroit à désirer que tous les matins le général de division réunit chez lui ses généraux de brigades, autant que cela se pourroit, son chef d'État-major, son commissaire des guerres, et son commandant de place. Ces hommes,

A des époques fixées, le commissaire des guerres fait remettre au général-commandant, la feuille du mouvement des hôpitaux dont il a la police ; l'état des magasins de toute espèce, l'état de ce qu'il y a eu de distribué par jour, et enfin celui de ses ressources.

Il doit de même fournir chaque jour, pour l'ordre du jour, l'article qui concerne les distributions.

Dans chaque division, il y a un commissaire des guerres, faisant les fonctions d'ordonnateur, lequel a sous lui un nombre de commissaires des guerres ou d'adjoints, proportionné à son service, et au nombre des villes, camps ou cantonnements où il est obligé de l'assurer.

Quand le cas l'exige, il peut encore se faire remplacer par des officiers, que le général choisit sur sa demande, et qui le suppléent, soit qu'on leur fasse suivre la marche d'une colonne, soit qu'on les attache à un cantonnement.

---

sur lesquels roule tout le travail, l'éclaireroient de manière que rien ne pourroit être oublié ; que l'on éviteroit les fausses mesures et les demi-mesures ; et que par-là toutes les opérations seroient extrêmement simplifiées et assurées.

CONCLUSION.

En commençant cet ouvrage, notre but étoit, non seulement de traiter des devoirs d'un chef d'État - major - divisionnaire , mais encore de parler des connoissances qu'il doit avoir, et des qualités qui doivent le distinguer.

Le défaut de tems nous a fait différer l'entière exécution de ce plan. Ainsi, nous nous bornerons à dire, relativement à ce qu'un chef d'État-major doit savoir, qu'il est essentiel......

1º. Qu'il connoisse assez les différentes armes et leur tactique, pour savoir toujours de quelle manière il peut les employer, et comment il doit les placer et les conduire, afin d'en tirer le plus grand parti possible, et de satisfaire à leurs besoins autant que les circonstances peuvent le permettre.

2º. Qu'il connoisse assez l'art des positions, pour pouvoir juger sûrement de la bonté ou des dangers de celles que l'on peut prendre, et voir quels secours les localités peuvent offrir en cas d'attaque et de défense.

3º. Qu'il ait acquis un coup-d'œil assez juste pour bien apprécier les distances.

4°. Qu'il sache au besoin lever un plan, tracer un camp, et faire construire un ouvrage de fortification légère.

Quant aux qualités qui doivent, autant que les connoissances, justifier le choix d'un chef d'Etat-major, elles sont ou morales ou intellectuelles, ou bien enfin elles tiennent au caractère.

Celles qui tiennent au caractère doivent être l'égalité, la fermeté, et l'activité (30).

Les qualités morales ou intellectuelles doivent être un esprit méthodique, pour organiser et répartir son travail (51); l'amour de son devoir pour ne rien négliger de ce qui peut perfectionner toutes ses opérations; la constance qui fait tenir à l'ordre établi, et la sévérité nécessaire pour que personne ne s'en écarte. Ses ordres et sa correspondance doivent

---

(50) Parmi les officiers qui possèdent plus particulièrement cette qualité, si précieuse à la guerre, je citerai ici le général Solignac, sous les ordres duquel j'ai fait, en Italie, la campagne de l'an 5, en qualité d'adjoint, dans la division Masséna dont il é   chef d'Etat-major.

(51) Chez les hommes ordinaires, le talent de commander n'est presque que celui de bien diviser; chez les hommes de génie, au contraire, c'est celui de concentrer, en rapportant tout à un même but.

porter l'empreinte de la netteté de ses idées ; son style doit être clair et concis.

Du reste, un chef d'Etat-major doit encore être juste, conséquent, et désintéressé (52).

De toutes ces qualités, les premières sont plutôt naturelles qu'acquises, et les secondes plutôt acquises que naturelles : les troisièmes ne peuvent sans doute se donner entièrement ; mais elles sont susceptibles d'un grand perfectionnement. Dans tous les cas, la nécessité de les réunir plus ou moins parfaitement, ne démontreroit qu'une vérité connue, qui est, que tous les hommes ne sont pas propres à cette place, dans laquelle il faut (comme dans tous les postes importants) commander autant par l'influence d'une estime méritée, et par celle des talents, que par l'autorité de la place et du grade.

---

(52) Cette énumération n'est point exagérée : d'ailleurs l'homme sage et d'un bon esprit a toujours les qualités de son état.

FIN.

TABLE DES MATIÈRES.

ERRATA.

INTRODUCTION, *page* 5, *ligne* 10, Guirard, *lisez* Girard.

Page 26, *lignes* 7 et 8, agents de toutes espèces, *lisez* payeurs-généraux.

Page 26, *ligne* 20, le centre de toutes les opérations, *lisez*, le centre d'où devroient partir tous les ordres.

Page 27, *ligne* 5, de l'armée, *lisez* de l'armée, lorsque ces mesures ne peuvent être prises par le ministre de la guerre, ou que l'armée agit en pays conquis.

Page 44, *note* 14e. *ligne* 4, ci-dessous, *lis.* ci-dessus.

Page 56, *ligne* 11, joindre, *lisez* ajouter.

Page 56, *ligne* 17, des généraux de l'État-major, *lisez*, des généraux, de l'État-major.

Page 57, *lignes* 18 et 19, et de piquet, *lisez* et de ronde.

Page 57, *ligne* 21, nommera, *lisez* fera connoître.

Page 61, *note* 20e. *ligne* 5, ostensible, celui, *lisez* ostensible contenant celui.

Page 63, *note* 22, *lisez* 23.

Page 63, note 23, *lisez* 22.

Page 114, *ligne* 19, chaque brigade, *lisez*, chaque demi-brigade ou régiment.

www.ingramcontent.com/pod-product-compliance
Lightning Source LLC
Chambersburg PA
CBHW070755290326
41931CB00011BA/2029